PHILOSOPHIE

DU PROGRÈS.

OUVRAGES DU MÊME AUTEUR.

De la Célébration du dimanche. 1 vol. . . . . . . 75 c.

Qu'est-ce que la Propriété? (1er mémoire.) . . . 2 fr. 50 c.

Qu'est-ce que la Propriété? (2e mémoire.) Lettres à M. Blanqui sur la Propriété. . . . . 1 fr. 50 c.

Avertissement aux Propriétaires, ou Lettres à M. Considérant sur une défense de la Propriété. . . . . 1 fr.

De la Création de l'Ordre dans l'Humanité, 2e édition, avec des notes de l'auteur, 1 fort vol. . . . . 4 fr.

Système des Contradictions économiques, ou Philosophie de la misère, 2e édition, 2 vol. . . . . 7 fr.

De la Concurrence entre les Chemins de fer et les Voies navigables, 1 vol. . . . . 1 fr.

Solution du Problème social. 2 v. 2 liv. sont en v. à 50 c.

Organisation du Crédit et de la Circulation, et Solution du problème social . . . . 50 c.

Rapport du citoyen Thiers, précédé de la Proposition du citoyen Proudhon relative à l'impôt sur le revenu, suivi du Discours prononcé à l'Assemblée nationale le 31 juillet 1848. 1 v. in-12. . . . . 75 c.

Idées révolutionnaires (les Malthusiens, la Réaction, Programme révolutionnaire, Question étrangère, la Présidence, Argument à la Montagne, le Terme, Toast à la Révolution, etc.) 1 vol. . . . . 2 fr. 50 c.

Le Droit au travail et le Droit de propriété. In-12. 50 c.

Résumé de la Question sociale. Banque d'échange, avec une préface et des notes par Alfred Darimon, ancien rédacteur en chef du *Peuple*. 1 vol. In-18. . . . . 1 fr. 25 c.

Banque du peuple, suivie du Rapport de la Commission des Délégués du Luxembourg. 1 vol. . . . . 50 c.

Intérêt et principal, discussion entre MM. *Proudhon* et *Bastiat*, sur l'intérêt des capitaux, 1 vol. . . . . . . 1 fr. 50 c.

Les Confessions d'un révolutionnaire, pour servir à la Révolution de Février. — 3e édition, revue, corrigée et augmentée par l'auteur. 1 vol. . . . . 2 fr. 50 c.

Idée générale de la Révolution au XIXe siècle, choix d'études sur la pratique révolutionnaire et industrielle, 1 volume. . . . . 3 fr.

La Révolution sociale démontrée par le coup d'État du 2 décembre. 6e édition. 1 vol. . . . . 2 fr. 50 c.

Programme philosophique pour l'année 1853 . . . . 1 fr.

PHILOSOPHIE

DU PROGRÈS

— PROGRAMME —

PAR

P.-J. PROUDHON.

Usus et impigræ simul experientia mentis
Paulatim docuit pedetentim progredientes.

LUCRETIUS, *De Naturâ rerum*, lib. V.

BRUXELLES,

ALPHONSE LEBÈGUE, IMPRIMEUR-EDITEUR,

Rue des Jardins d'Idalie, 1.

1853

AVANT-PROPOS.

La France a épuisé les principes qui la soutenaient. Sa conscience est vide, de même que sa raison. Tout ce qu'elle a produit depuis un demi-siècle d'écrivains fameux, les de Maistre, les Chateaubriand, les Lamennais, les de Bonald, les Cousin, les Guizot, les Lamartine, les Saint-Simon, les Michelet, catholiques, éclectiques, économistes, socialistes, parlementaires, n'ont cessé de prédire cette syncope morale, qui par la miséricorde de Dieu, la sottise des hommes et la nécessité des choses, est enfin arrivée. Aux prophètes de la France ont répondu les philosophes de l'Allemagne : si bien qu'enfin la destinée de notre patrie est devenue commune à tout l'ancien monde; car telle est la société française, tel il est écrit que sera le genre humain.

— L'Église, dont nous nous vantions jadis d'être les aînés, n'est plus parmi nous qu'une institution de convenance, que la police, plus que la sympathie, protége. Otez le bras séculier et la subvention de l'État, et dites ce qu'il adviendra de cette Église gallicane, dernière forteresse de la chrétienté, maintenant livrée aux ultramontains, et dont la gloire faisait tressaillir Bossuet?...

Un homme, après avoir lu la profession de foi du vicaire savoyard, les sermons de Robespierre, le Catéchisme des francs-maçons, les Paroles d'un Croyant, les Lettres sur la Religion de M. Enfantin, l'histoire de la Révolution de M. Buchez, et le préambule de la Constitution de 1848, s'est dit : Il y a dans ce pays un besoin de marguillerie qui veut à tout prix être satisfait. Rappelons les jésuites! — Voilà pourquoi nous sommes encore, après février, de la religion de nos pères... Cela vous fait murmurer : il vous répugne que le culte de trente millions d'âmes, une chose si sainte, tienne à l'appréciation éventuelle d'un chef d'État, parfaitement désintéressé, quant à ce qui est de lui, dans la question. Qu'eussiez-vous fait de mieux? Je vous le donne en cent.

L'ancienne monarchie pouvait se comparer

à un mariage contracté sous le régime de la communauté, lequel, par suite de mésintelligence entre les époux, aurait été converti en mariage paraphernal. On avait pensé que si le mari était constitué simple administrateur des biens de la femme, l'harmonie serait parfaite entre eux, imperturbable. Tous les ans, en grand apparat, le roi venait présenter ses comptes à la nation, qui, de son côté, par ses représentants, donnait quittance au roi. De cette rencontre cérémonieuse et solennelle devait naître, par une génération régulière, la Loi, troisième personne de la trinité constitutionnelle. Mais, quelque précaution qu'on ait prise, le dialogue a constamment fini en dispute. — Ce n'est pas cela, a dit l'homme fatidique. La paix ne peut exister dans le ménage que si la femme obéit sans mot dire, et si le mari parle par signes. Et puis, il s'agit bien aujourd'hui de tout ce parlementage!... Maintenant nous sommes mariés, comme disent les gens du faubourg, *au treizième,* morganatiquement.

Sa Démocratie, telle que la formulèrent les actes de 1793 et de 1848, a succombé sous la logique de son application. Qui oserait affirmer aujourd'hui, dans le sens de la *Réforme,* la souveraineté populaire, le suffrage universel et direct ? Sept fois en cinq ans le peuple a été interpellé de manifester sa volonté, de faire acte de souverain ; sept fois il a répondu, comme M. Thiers : *Le peuple règne et ne gouverne pas!*

La Bourgeoisie! Que demandait-elle en 89? Sieyès l'a dit : *Tout!* Elle l'a bien fait voir. Une fois l'aristocratie dépossédée, les biens nationaux mis en vente, la bourgeoisie a crié que la révolution était faite, qu'il n'y avait qu'anarchie au delà. Elle a été pour tous les gouvernements qui vendaient, vendaient, en la sauvant et faisant de l'ordre... Que demanda-t-elle depuis 1830? Des subventions, des primes, des places, des monopoles, des priviléges, des actions de jouissance, des concessions de canaux, de mines et de chemins de fer, c'est-à-dire, encore et toujours : Tout. Quel que soit le gouvernement qui lui donne, monarchie, république ou empire, elle reçoit des deux mains. Le peuple n'aura pas seulement pour lui le *Droit au travail*, invoqué cependant pour la première fois par un bourgeois de 89, Malouet. Pour mieux s'emparer de tout, la bourgeoisie prend à crédit une idée socialiste, se forme par compagnie, se place sous le patronage de l'État, dont elle fait son organisateur, son entrepreneur, son fournisseur. Quant à produire elle-même, par le travail, le génie, la conquête agricole, mercantile ou industrielle, elle ne s'en souvient plus. La moindre entreprise, à cette bourgeoisie dégénérée, semble une révolution. Pour étendre une taupinée, elle emprunterait le hoyau de l'État. Il n'y a que les rentes dont la grosseur ne l'épouvante point. Des rentes! c'est son *Positivisme* à elle : elle l'avait inventé avant M. Comte.

La Bourgeoisie est malade de gras-fondu : comme institution, elle a cessé d'exister dans l'ordre politique et dans l'ordre social. A la place de ce mot, que personne n'entend plus, on a mis le *capital,* terme d'avare, et par opposition au capital, un terme d'envieux, le *salariat.* Le *salariat,* c'est le niveau révolutionnaire, inventé par le *capital.* Ces deux mots de passe sont entrés dans la langue du peuple. C'est pourquoi rien n'est fini! Le capital, comme le salaire, est désormais à la discrétion du prince; et maintenant que le prince emprunte toute sa stabilité au peuple, il n'y a rien de stable, ni religion, ni gouvernement, ni travail, ni propriété, ni confiance.

Grâce aux modernes éclectiques, nous n'avons point de philosophie. Grâce aux romanciers et aux romantiques, nous sommes à bout de littérature. Les danseuses nous ont dégoûtés de la statuaire, et les modistes de la peinture. On fait maintenant, dans la patrie du goût, le livre, le tableau, le marbre, comme le bronze et le fauteuil : articles de Paris, pour l'exportation transatlantique.

Pendant que l'agiotage, organisé avec privilége, donne raison à la théorie de MM. Malthus et Dupin, et fait douter de plus en plus de la réalité d'une science économique, la prérogative centrale, toujours envahissante, broie les institutions, entame, modifie, abroge sans cesse un système de lois qui compte à peine cinquante ans de durée! La Justice, aveugle de son métier, ne sait rien de ce qui se passe à la Bourse, et, le sût-elle, n'y peut rien. Tandis que les sangliers et les ours dévastent le champ de la nation, elle fait la chasse aux crapauds et aux lézards. Plus inepte encore, la Propriété applaudit au despotisme, et, sauvée des insultes d'en bas, croit que nul décret d'en haut ne peut l'atteindre. Ha, ha! vous avez écrasé l'anarchie ; vous aurez l'État dans toute sa gloire.

Frappés au cœur, les vieux partis dynastiques ont perdu, avec l'intelligence des faits, le sentiment de leur position : d'autant plus irrités contre le 2 décembre, qu'ils regrettent de n'avoir pas eux-mêmes fait le coup. La même fureur d'absolutisme les possède : croient-ils, par cette jalousie du métier, faire naître au peuple l'envie de les avoir?

Quoi! Bourbon, fils aîné de France, vous gardez encore rancune à la révolution! Vous n'avez pu vous réconcilier avec 89! Cette brave bourgeoisie vous fait peur : Mounier vous semble un rouge, Mirabeau un terroriste, Chateaubriand un athée! Aussi hostile à la charte que votre grand-père, c'est encore dans le lit de justice du 23 juin 1789 que vous puisez l'espoir d'une troisième restauration! Vous le savez pourtant; votre aïeul Henri IV devint roi de France pour un trait d'esprit : *Paris vaut bien une messe*, disait-il. Il en pensait autant du prêche. Est-ce que vous ne croyez pas que Paris vaille bien aussi la Liberté?...

Et vous, messieurs d'Orléans, qui deviez être pour la France, suivant le mot de Lafayette, *la meilleure des républiques;* vous que la bourgeoisie toute seule ne ramènera pas, n'avez-vous pas un seul mot pour le pauvre travailleur? Le socialisme est né sous votre père : trop heureux le vieux roi, s'il avait jeté au monstre les 150 millions de ses forteresses! Y a-t-il donc aussi incompatibilité entre votre titre et nos aspirations? Écoutez l'enchère populaire : *A vingt-cinq millions!* n'en rabattrez-vous rien?

Ne parlons pas des républicains. On sait, hélas! que le malheur n'a point découragé leur respect du droit, et qu'il n'y aura jamais parmi eux que les enfants perdus qui prennent pour mot de ralliement la *dictature,* avec Pompée, au lieu de César, pour dictateur.

La France ne croit qu'à la force, n'obéit qu'à des instincts. Elle n'a plus d'indignations; elle semble se trouver bien de ne penser pas. Tel peuple, tel gouvernement! Le pouvoir, qu'aucune inspiration du pays n'illumine, ne renvoie à son tour aucune idée au pays. Il marche comme les tables tournent, sans impulsion apparente : on peut le définir une spontanéité. Ainsi qu'il se voit après les grandes crises, l'horreur des discussions et des systèmes est devenue telle, que gouvernés et gouvernants, partis vaincus et parti vainqueur, tout le monde, à l'envi, ferme les yeux, se bouche les oreilles, à la seule apparence d'une idée. Superstition et suicide : ces deux mots résument l'état moral et intellectuel des masses. Le timon des affaires est aux praticiens et aux *hommes d'action;* arrière encore une fois les idéologues! On parle de l'isolement du pouvoir actuel au milieu des populations muettes : le fait est que les populations *n'ont* rien à dire au pouvoir. Elles s'en remettent à son étoile ; elles croient à sa vocation, à sa prédestination, comme lui-même. Qu'il parle, et sa parole sera prise pour loi. *Ità jus esto!* disait la plèbe latine. La révolution couve son élu : voilà la vérité sur les communications entre les pays et le gouvernement. L'éclosion arrivera-t-elle bientôt? On n'en sait rien, mais on n'en doute pas.

La politique au dehors est comme l'opinion au dedans. Elle se cherche, attendant le coup du destin, écrivant des notes qu'on dirait dénuées de bonne foi, si elles ne l'étaient totalement de sens. Les puissances signataires des traités de Westphalie et de la Sainte-Alliance ne croient plus à l'équilibre européen. Contre l'Occident en révolution, elles invoquent la barbarie orientale, la guerre de races, l'absorption des nationalités. Plus de Pologne! plus d'Italie! plus de Hongrie! plus de Turquie tout à l'heure! N'auraient-elles pas dit tout bas : Plus de France! O tocsin de 92!... La diplomatie va comme la spéculation et la saison. Encouragé par la pluie, le tzar fait un geste à l'empereur, qui se refuse : le feu en monte au front du soldat. Mais lui, l'œil fixé sur l'aiguille de la Bourse, peut-être attend-il que l'heure sonne au chauvinisme du bourgeois.

La papauté, cependant, se croit revenue à ses beaux jours, non pas aux jours de Léon X, mais à ceux d'Innocent III : elle rêve d'inquisition et de croisade. Il ne lui suffit pas de l'expédition de Rome contre les démocrates, il lui faut une expédition de Jérusalem contre les Musulmans et les Grecs. C'est pour cela qu'elle souffle, comme un incendie, la question des lieux saints : *En avant, Gaulois et Francs!* Nous ne serions pas surpris que cette race de batailleurs ne se mît à crier, comme autrefois : *Dieu le veut.* Distribuez-leur, Saint Père, vos scapulaires et vos chapelets : ils ne vous rapporteront pas des reliques.

Il règne sur toute l'Europe une ombre solennelle, pareille à l'obscurité dont s'entouraient les oracles, au fond de leurs bois de chênes et de leurs antres. Prends garde à toi, Napoléon! Tenez-vous bien, Guillaume, Ferdinand, Nicolas, toute la compagnie des couronnés! Et vous, popes et pontifes, préparez vos *Kyrie eleïson* et vos *Requiem*. Car l'Esprit des nations n'habite plus les rostres; il s'est retiré de la bouche de l'orateur, de la plume de l'écrivain. Il marche avec le soldat, porté comme un éclair à la pointe de sa baïonnette.

Cependant il est certain que la parole française, inaugurée par l'ancienne monarchie, ne peut périr, pas plus que la nation ne peut subsister sans unité et sans droit.

Il est certain que la démocratie, qui n'est autre chose, après tout, que le parti du mouvement et de la liberté, ne peut s'effacer de l'histoire pour les contre-sens et les naïvetés de 1848.

Il est certain que la bourgeoisie avait une mission à remplir, politique et sociale, envers le prolétariat. Aimera-t-elle mieux, laissant à César le soin de nourrir les électeurs de César, éterniser par son égoïsme le pouvoir d'une multitude rétrograde, et destituer le pays de ses libertés?

Il est certain, enfin, que l'Europe est une fédération d'États que leurs intérêts rendent solidaires, et que dans cette fédération, fatalement amenée par le développement du commerce et de l'industrie, la priorité d'initiative et la prépondérance appartiennent à l'Occident. Cette prépondérance, obtenue par Louis XIV et

Napoléon, tant qu'ils agirent, le premier au nom du principe des nationalités, posé par Henri IV et Richelieu, le second au nom de la révolution française, l'intérêt de notre conservation, bien plus que celui de notre gloire, nous commande de la ressaisir. Veut-on, dans ce but, procéder par la voie des conquêtes ou par celle des influences? Veut-on que le chef de l'État français soit le Président de la république européenne, ou si l'on aime mieux lui laisser courir la chance d'en devenir le monarque, au risque d'une troisième invasion et du déchirement de la patrie?...

Que dis-je? s'il est une chose évidente pour tout observateur, c'est que la France ne vaut en ce moment que par les idées mêmes qu'elle a proscrites; c'est que la civilisation moderne, à bout de traditions et d'exemples, est irrévocablement engagée dans la voie d'une révolution où ni les précédents historiques, ni le droit écrit, ni la foi établie, ne peuvent plus la guider.

Il faut donc que royalistes et démocrates, bourgeois et prolétaires, Français, Germains et Slaves, se mettent à la recherche des principes inconnus qui les gouvernent. Il faut aux formules empiriques de 1648, 1789, 1814, 1848, substituer une idée, *antérieure et supérieure*, qui n'ait rien à redouter des sophismes diplomatiques et parlementaires, des défaillances bourgeoises, et des hallucinations plébéiennes. Il faut, l'Humanité aspirant à savoir et ne pouvant plus croire, déterminer *à priori* sa route, écrire l'histoire avant que les faits soient accomplis! Veut-on se gouverner par la science, ou s'abandonner à la fatalité?...

Toute époque est régie par une idée qui s'exprime dans une littérature, se développe en une philosophie, s'incarne, au besoin, en un gouvernement. Il y avait, dans la pensée secrète de 1848, comme dans celles de 1793, 1814 et 1830, l'étoffe d'une démocratie, d'une dynastie peut-être : cette pensée a été dédaignée... comme la pierre angulaire par les mauvais maçons. Nous ne cesserons de la reproduire, et quel que soit le porte-drapeau des destinées françaises, prince ou tribun, nous lui crierons, avec une foi et une énergie croissantes : *C'est par ce signe que tu vaincras!*

On nous dit : Que publiez-vous sur la situation présente?

La situation, la voilà : c'est de faire face, par la réflexion, à la nécessité des choses ; c'est de recommencer notre éducation sociale et intellectuelle ; et comme un parti fondé sur la nature même de l'esprit humain ne peut périr, c'est de donner à la démocratie l'idée et le drapeau qui lui manquent.

Jusqu'à ce jour la démocratie a suivi les formes du gouvernement monarchique, la politique monarchique, l'économie monarchique, la philosophie monarchique. C'est pour cela que la démocratie n'a jamais été qu'une fiction incapable de se constituer. Il est temps qu'elle apprenne à penser par elle-même ; qu'elle pose le principe qui lui est propre, et qu'en s'affirmant d'une manière positive, elle porte au complet le système des idées sociales.

Les deux lettres qu'on va lire ont été écrites sur la fin de 1851. Elles devaient paraître dans *la Presse*, en réponse aux questions d'un savant critique, M. Romain-Cornut, lorsque arriva le 2 décembre. — On peut les regarder comme la profession de foi philosophique, politique et sociale de l'écrivain.

Rien ne subsiste, disaient les anciens sages : *tout change, tout coule, tout devient ;* par conséquent, tout se tient et s'enchaîne ; par conséquent encore tout est opposition, balancement, équilibre, dans l'univers. Il n'y a rien, ni en dehors, ni en dedans de cette danse éternelle ; et le rhythme qui la commande, forme pure des existences, idée suprême à laquelle aucune réalité ne saurait répondre, est la conception la plus haute que puisse atteindre la raison.

Comment donc est-ce que les choses se lient et s'engendrent? comment se produisent et s'évanouissent les êtres? comment se transforment les sociétés et la nature? Tel est l'unique objet de la science.

La notion du Progrès, portée dans toutes les sphères de la conscience et de l'entendement, devenue la base de la raison pratique et de la raison spéculative, doit renouveler le système entier des connaissances humaines, purger l'esprit de ses derniers préjugés, remplacer dans les relations sociales les constitutions et les catéchismes, apprendre à l'homme tout ce qu'il peut légitimement croire, faire, espérer et craindre : la valeur de ses idées, la définition de ses droits, la règle de ses actions, le but de son existence...

La théorie du Progrès, c'est le chemin de fer de la liberté.

Avant de publier, avec le cortége de preuves qu'il nécessite, l'ensemble de nos vues sur ces hautes questions, nous avons cru devoir consulter le public et nos amis sur la suite à donner à nos recherches. Nous osons espérer que la critique ne manquera pas à ce premier échantillon : heureux si, éclairé par de salutaires conseils, nous parvenons à lever un coin du voile qui nous dérobe la lumière !...

PHILOSOPHIE

DU PROGRÈS.

Usus et impigræ simul experientia mentis
Paulatim docuit pedetentim progredientes.
LUCRETIUS, *De Naturâ rerum*, lib. V.

PREMIÈRE LETTRE.

DE L'IDÉE DE PROGRÈS.

Sainte-Pélagie, 26 novembre 1851.

MONSIEUR,

Avant de rendre compte au public de mes différentes publications, vous voulez bien, pour plus d'exactitude, me demander à moi-même de quelle manière j'en envisage l'ensemble, comment j'en comprends l'unité et le lien.

Ce désir de votre part, monsieur, est on ne peut plus légitime, et la question aussi juste que loyale. Il n'y a pas de doctrine là où il n'y a pas d'unité ; et, ni comme penseur, ni comme révolutionnaire, je ne mériterais une heure d'examen, s'il n'existait dans la multitude des propositions, quelquefois très-disparates, que j'ai tour à tour soutenues ou niées, quelque chose qui les relie et en forme un corps de doctrine. Jadis on demandait à un homme, égaré loin de sa patrie : Quel est ton Dieu? quelle est ta religion?... C'est le moins qu'on puisse exiger d'un novateur que de savoir, en dernière analyse, quel est son principe.

Je ne saurais trop vous remercier, monsieur, de cette haute impartialité, de cette bonne foi de critique, qui vous fait rechercher avant toute chose, non pas le faible de l'écrivain, — il ne paraît que trop, — mais sa vraie pensée, mais l'exacte valeur de ses assertions. En toute opération judiciaire, il faut, avant de prononcer la sentence, entendre le prévenu : le plus juste jugement est celui qui résulte des paroles et des aveux de l'accusé.

Je vais, monsieur, tâcher de satisfaire à votre demande, ou plutôt, je vais me livrer moi-même, pieds et mains liés, à votre justice, en vous présentant ici, non pas un plaidoyer, mais une confession générale. Prenez-moi donc, si vous le pouvez, par ma langue : je n'aurai pas le droit d'appeler de votre arrêt.

I

Ce qui domine dans toutes mes études, ce qui en fait le principe et la fin, le sommet et la base, la raison, en un mot; ce qui donne la clef de toutes mes controverses, de toutes mes disquisitions, de tous mes écarts; ce qui constitue, enfin, mon originalité comme penseur, si je puis m'en attribuer quelqu'une, c'est que j'affirme résolûment, irrévocablement, en tout et partout, le *Progrès,* et que je nie, non moins résolûment, en tout et partout, l'*Absolu.*

Tout ce que j'ai jamais écrit, tout ce que j'ai nié, affirmé, attaqué, combattu, je l'ai écrit, je l'ai nié ou affirmé au nom d'une idée unique: le Progrès. Mes adversaires, par contre, et vous verrez bientôt s'ils sont nombreux, sont tous des partisans de l'absolu, *in omni genere, casu et numero,* comme disait Sganarelle.

Qu'est-ce donc que le Progrès? — Depuis près d'un siècle tout le monde en parle, sans que le Progrès, comme doctrine, ait avancé d'un pas. Le mot se dit de bouche: la théorie est encore au point où l'a laissée Lessing (1).

(1) L'idée de Progrès n'est pas nouvelle. Elle n'avait point

Qu'est-ce que l'Absolu, ou, pour le désigner mieux, l'*Absolutisme?* — Tout le monde le répudie, personne n'en veut plus ; et cependant je puis le dire, tout le monde est chrétien, protestant, juif ou athée, monarchiste ou démocrate, communiste ou malthusien : tout le monde, blasphémant le Progrès, est enchaîné à l'Absolu.

Si donc je pouvais une fois faire toucher du doigt l'opposition que je mets entre ces deux

échappé aux anciens. (Voir *De l'idée du Progrès*, par Javary, 1 vol. in-8°, Orléans, 1850.) Platon et les stoïciens, Aristote, Cicéron, et une foule d'autres, sans compter les poëtes et mythologues, l'avaient nettement conçue. Parmi les modernes, elle fut exprimée par Pascal, et chantée, en quelque sorte, par Bossuet, dans son Discours sur l'Histoire universelle, composé à l'imitation de Daniel et de Florus. Elle fut reproduite, avec une force nouvelle, par Lessing, servit de devise à la secte des illuminés de Weisshaupt, et fit, à l'époque de la révolution française, l'originalité de Condorcet. Mais c'est surtout dans notre siècle qu'elle s'est posée avec éclat. Toutes les écoles socialistes l'ont invoquée comme principe de leur critique, et jusqu'à certain point l'ont fait entrer dans leurs systèmes. On connaît la division historique de Saint-Simon : *Théocratie*, *féodalité* ou gouvernementalisme, *Industrie* ; — celle de M. Aug. Comte, *Religion*, *Métaphysique* ou philosophie, et *Positivisme;* celle de Fourier, *Édénisme*, *Sauvagerie*, *Patriarcat*, *Barbarie*, *Civilisation*, *Garantisme*, *Harmonie*. Le Progrès a servi à M. Pierre

idées, expliquer ce que j'entends par Progrès et ce que je considère comme Absolu, j'aurais donné le principe, le secret et la clef de toutes mes polémiques; vous posséderiez le lien logique

Leroux à rajeunir le dogme de la métempsycose, et, chose encore plus étrange, M. Buchez a cru y trouver le dernier mot du catholicisme. Il serait inutile d'énumérer, je ne dis pas tous les écrivains, mais toutes les théories, toutes les sectes et écoles qui se sont prévalus de l'idée de Progrès. La Démocratie à son tour s'en est emparée, sans se douter qu'une pareille acquisition était aussi incompatible avec ses doctrines officielles qu'avec la théologie elle-même. On n'a pas oublié la *Revue du Progrès*, que rédigea jusque vers 1840 M. Louis Blanc. Tout récemment, un autre écrivain démocrate, M. Eugène Pelletan, l'a prise pour sujet d'une publication qui ne manque, dit-on, ni de philosophie, ni d'intérêt. Sous le nom de *Liberté absolue*, c'est encore le Progrès qu'affirme le rédacteur en chef de *la Presse*, M. de Girardin. Enfin, il n'y a pas jusqu'aux conservateurs les plus acharnés qui ne se réclament du Progrès : dans leur langage, le Progrès, opposé à la Révolution, indique une marche si lente, qu'il équivaut à l'immobilisme.

Malgré toutes ces études, on peut dire que le Progrès est resté dans la philosophie à l'état de simple phénomène : comme principe, il n'est point entré dans la spéculation. Ce n'est encore ni une vérité, ni une erreur mère. Bien loin qu'il ait été conçu comme l'être même des êtres, on n'y a guère vu autre chose qu'un accident de la création, ou une marche de la société vers un état culminant et définitif, que chacun s'est efforcé ensuite de prévoir et de décrire, au gré de ses aspirations particulières, à la façon des législateurs et utopistes de tous les temps.

de toutes mes idées ; et vous pourriez, d'après cette seule notion, devenue pour vous vis-à-vis de moi un critérium infaillible, non-seulement apprécier l'ensemble de mes publications, mais prévoir et signaler à l'avance les propositions que tôt ou tard je devrai affirmer ou nier, les doctrines dont j'aurai à me constituer le défenseur ou l'adversaire; vous pourriez, dis-je, apprécier et juger toutes mes thèses et par ce que j'en ai dit et par ce que je ne sais pas. Vous me connaitriez alors, *intus et in cute*, tel que je suis, tel que j'ai été toute ma vie et que je me retrouverais dans mille ans, si je devais vivre mille ans : l'homme dont la pensée avance toujours, dont le programme ne saurait s'achever jamais. Et à quelque moment de ma carrière que vous me saisissiez, à quelque conclusion que vous deviez arriver envers moi, vous aurez toujours, soit à m'absoudre au nom du Progrès, soit à me condamner au nom de l'Absolu.

Le Progrès, dans l'acception la plus *pure* du mot, c'est-à-dire la moins empirique, est le mouvement de l'idée, *processus;* mouvement inné, spontané, essentiel, incoercible et indestructible, qui est à l'esprit ce que la pesanteur est à la matière (je suppose avec le vulgaire que l'esprit et la matière, abstraction faite du mouvement, soient quelque chose), et qui se manifeste principalement dans la marche des sociétés, dans l'histoire.

D'où il suit que l'essence de l'esprit étant le mouvement, la vérité, c'est-à-dire la réalité, aussi bien dans la nature que dans la civilisation, est essentiellement *historique*, sujette à progressions, conversions, évolutions et métamorphoses. Il n'y a de fixe et d'éternel que les *lois* mêmes du mouvement, dont l'étude forme l'objet de la logique et des mathématiques.

Le vulgaire, le gros des savants comme des ignorants, entend le Progrès dans un sens tout utilitaire et matériel. Accumulation de découvertes, multiplication des machines, accroissement du bien-être général, tout au plus extension de l'enseignement et amélioration des méthodes; en un mot, augmentation de la richesse matérielle et morale, et participation d'un nombre d'hommes toujours plus grand aux jouissances de la fortune et de l'esprit : tel est pour eux, à peu de chose près, le Progrès. A coup sûr, cela aussi est du progrès, et la philosophie progressive serait de peu de fruit et de courte vue, si dans ses spéculations elle commençait par mettre de côté *l'amélioration physique, mo-*

rale et intellectuelle de la classe la plus nombreuse et la plus pauvre, comme dit la formule de Saint-Simon. Mais du Progrès tout cela ne nous donne qu'une expression restreinte, une image, un symbole, que dis-je? un produit : philosophiquement, une pareille notion du Progrès est sans valeur.

Le Progrès, encore une fois, c'est l'affirmation du mouvement universel, par conséquent la négation de toute forme et formule immuable, de toute doctrine d'éternité, d'inamovibilité, d'impeccabilité, etc., appliquée à quelque être que ce soit; de tout ordre permanent, sans excepter celui même de l'univers; de tout sujet ou objet, empirique ou transcendantal, qui ne change point.

L'Absolu, au contraire, ou l'Absolutisme, est l'affirmation de tout ce que le Progrès nie, la négation de tout ce qu'il affirme. C'est la recherche, dans la nature, la société, la religion, la politique, la morale, etc., de l'éternel, de l'immuable, du parfait, du définitif, de l'inconvertible, de l'indivis; c'est, pour me servir d'un mot devenu célèbre dans nos débats parlementaires, en tout et partout le *statu quo* (1).

(1) Pourquoi le gouvernement despotique est-il appelé aussi *absolu*? Ce n'est pas seulement parce que le prince ou despote

Descartes, raisonnant à son insu d'après les préjugés de la vieille métaphysique, et cherchant à la philosophie une base inébranlable, un *aliquid inconcussum*, comme il disait, s'imagine l'avoir rencontré dans le moi, et il pose ce principe : *Je pense, donc je suis; Cogito, ergo sum.* Descartes ne s'est pas aperçu que sa base, prétendue immobile, était la mobilité même. *Cogito, je pense,* ces deux mots expriment le mouvement; et la conclusion, suivant la valeur primitive du verbe *être, sum*, εἶναι ou היה (*haïah*), n'est encore que le mouvement. Il devait dire : *Moveor, ergo fio,* je me meus, donc je deviens!

met sa volonté au-dessus de la volonté de la nation, son bon plaisir à la place de la loi. La personnalité et l'arbitraire dans le pouvoir ne sont qu'une conséquence de l'absolutisme. Le gouvernement est dit absolu, d'abord parce qu'il est de sa nature de concentrer, soit dans un homme, soit dans un comité ou une assemblée, une pluralité d'attributions dont l'essence est d'être séparées et sériées, d'après une *déduction* logique; en second lieu, parce que cette concentration une fois opérée, tout mouvement ou progrès devient impossible dans l'État, et par suite dans la nation. Les rois ne se disent-ils pas les représentants de Dieu ?... C'est qu'ils affectent, comme l'Être réputé absolu, l'universalité, l'éternité et l'immutabilité. — Le peuple, au contraire, division et mouvement, est l'incarnation du Progrès. C'est pour cela que la démocratie répugne à l'autorité : elle n'y revient que par la délégation, moyen terme entre la liberté et l'absolutisme.

De cette double et contradictoire définition du progrès et de l'absolu se déduit d'abord, comme corollaire, cette proposition assez étrange pour nos esprits façonnés de longue main à l'absolutisme : c'est que le vrai en toutes choses, le réel, le positif, le praticable, est ce qui change, ou du moins qui est susceptible de progression, conciliation, transformation ; tandis que le faux, le fictif, l'impossible, l'abstrait, est tout ce qui se présente comme fixe, entier, complet, inaltérable, indéfectible, non susceptible de modification, conversion, augmentation ou diminution, réfractaire par conséquent à toute combinaison supérieure, à toute synthèse.

En sorte que la notion de Progrès nous fournit immédiatement et avant toute expérience, non pas ce qu'on nomme un critérium, mais, comme dit Bossuet, un préjugé favorable, au moyen duquel il est possible de distinguer, dans la pratique, ce qu'il peut être utile d'entreprendre et de poursuivre, d'avec ce qui peut devenir dangereux et funeste ; chose importante pour la gouverne de l'État et des affaires.

En effet, parmi tant de projets d'amélioration et de réforme qui se produisent journellement dans la société, il est indubitable qu'il s'en trouve d'utiles et de désirables, tandis que les autres ne le sont pas. Or, avant que l'expérience ait décidé, comment reconnaître, *à priori,* le meilleur du pire, la chose praticable de la spéculation perfide? comment choisir, par exemple, entre la propriété et la communauté, le fédéralisme et la centralisation, le gouvernement direct du peuple et la dictature, le suffrage universel et le droit divin?... Questions d'autant plus difficiles qu'il ne manque pas d'exemples de législateurs et de sociétés qui ont pris pour règle l'un ou l'autre de ces principes, et que tous les contraires trouvent également leur justification dans l'histoire.

Pour moi, la réponse est facile. Toutes les idées sont fausses, c'est-à-dire contradictoires et irrationnelles, si on les prend dans une signification exclusive et absolue, ou si on se laisse emporter à cette signification ; toutes sont vraies, c'est-à-dire susceptibles de réalisation et d'utilité, si on les met en composition avec d'autres ou en évolution.

Ainsi, prenez-vous pour loi dominante de la République, soit la propriété, comme les Romains, ou bien la communauté, comme Lycurgue, ou la centralisation, comme Richelieu, ou le suffrage universel, comme Rousseau, quelque principe que vous choisissiez, dès lors que dans votre pensée il prime tous les autres, votre système est erroné. Il y a tendance fatale à l'absorption, à l'épuration, à l'exclusion, à l'immobilisme, partant à la ruine. Il n'est pas une révolution dans l'Humanité qui ne puisse facilement s'expliquer par là.

Au contraire, admettez-vous en principe que toute réalisation, dans la société et dans la nature, résulte de la combinaison d'éléments opposés et de leur mouvement, votre conduite est tracée : toute proposition qui a pour but, soit de faire avancer une idée en retard, soit de procurer une combinaison plus intime, un accord supérieur, est avantageuse pour vous, est vraie. Elle est en progrès.

C'est une question, par exemple, sur laquelle la philosophie morale et l'expérience des sociétés n'a pas prononcé d'une manière définitive, de savoir si, dans une législation perfectionnée, on admettra ou non le divorce. On ne manque jamais à ce propos de citer l'exemple des Romains, des Grecs, des Orientaux; le sentiment de l'Église grecque et des Églises réformées, l'autorité de Moïse et de Jésus-Christ lui-même. Devant cette masse de témoignages, on demande ce que pèse l'opinion de la France et des autres pays régis par la discipline catholique. — J'avoue, quant à moi, que je suis peu touché de cette argumentation, qu'il serait tout aussi aisé de faire servir à la défense de la polygamie, voire même de la promiscuité. Les anciens socialistes, et plusieurs parmi les modernes, ne s'en sont fait faute. Je ne me demande pas quel a été dans les siècles antérieurs, quel est encore chez la plupart des nations, l'état de la femme, afin d'en déduire par assimilation ce qu'il convient de le faire parmi nous; je cherche ce qu'il est en voie de devenir. La tendance est-elle à la dissolution ou à l'indissolubilité? Telle est pour moi la question. Or, il me paraît évident, indépendamment des considérations d'intérêt domestique, de morale, de dignité, de justice, de bonheur même, qu'on peut ici faire valoir que la monogamie latine, soutenue et ennoblie par le catholicisme, accuse une tendance triomphante à l'indissolubilité; il me paraît, dis-je, que l'Église grecque est restée sur ce point stationnaire, que l'Église protestante a été rétrograde, et que le Code français, avec ses réserves pour les cas de nullité, est encore l'expression la plus avancée du Progrès. Ajoutons que la question du divorce, résolue par l'affirmative, impliquerait une rétrogradation parallèle de tout l'ordre politique et social, en sorte qu'au bout de la question du divorce il y en a une autre d'inégalité, comme on l'a vu par la théorie saint-simonienne. C'est là ce que je nomme *préjugé favorable;* en sorte que, pour moi, demander si nous introduirons le divorce dans nos lois, c'est demander implicitement si nous reviendrons à la féodalité par le capitalisme, si le gouvernement sera despotique ou libéral, en deux mots, si nous serons progressifs ou rétrogrades.

Telle est donc, dans mon opinion, la règle de notre conduite et de nos jugements : c'est qu'il est à l'existence, à la vérité et au bien, des degrés, et que le mieux n'est autre chose que la marche régulière de l'être, l'accord entre un plus grand nombre de termes, tandis que le néant est adéquat à l'unité pure et à l'immobilisme; c'est que toute idée, toute doctrine qui aspire secrètement à la prépotence et à l'immutabilité, qui vise à s'éterniser, qui se flatte de donner la dernière formule de la liberté et de la raison, qui par conséquent recèle, dans les plis de sa dialectique, l'exclusion et l'intolérance ; qui s'affirme comme vérité en soi, pure de tout alliage, absolue, éternelle, à la manière d'une religion, et sans considération d'aucune autre ; cette idée-là, qui nie le mouvement de l'esprit et la classification des choses, est menteuse et funeste, bien plus, elle est incapable de se constituer. Voilà pourquoi l'Église chrétienne, fondée sur un ordre prétendu divin et immuable, n'a jamais pu s'établir dans la rigueur de son principe; pourquoi les chartes monarchiques, laissant toujours à l'innovation et à la liberté trop de latitude, sont toujours insuffisantes; pourquoi au contraire la Constitution de 1848, malgré les inconvénients dont elle fourmille, est encore la meilleure et la plus vraie de toutes les constitutions politiques. Tandis que les premières se posent obstinément dans l'absolu, seule la Constitution de 1848 a proclamé sa propre révision, sa réformabilité perpétuelle (1).

Ceci compris, et la notion du Progrès ou du mouvement universel introduite dans l'entendement, admise dans la république des idées, en face de l'Absolu son antagoniste, tout change d'aspect pour le philosophe. Le monde de l'es-

(1) Le gouvernement absolu est donc, *à priori*, impossible. Aussi le crime des despotes est-il beaucoup moins dans la perpétration de leur idée que dans leur volonté de la commettre : c'est cette volonté impuissante qui constitue le liberticide.

prit, comme celui de la nature, semble retourné : logique et métaphysique, religion, politique, économie, jurisprudence, morale, art, apparaissent sous une physionomie nouvelle, révolutionnés de fond en comble. Ce que l'esprit avait cru vrai jusque-là devient faux ; ce qu'il avait repoussé comme faux devient vrai. L'influence de la notion nouvelle se faisant sentir à tous, et chaque jour davantage, il en résulte bientôt une confusion qui semble aux observateurs superficiels inextricable, et comme le symptôme de la folie générale. Dans l'interrègne qui sépare le régime nouveau du Progrès de l'ancien régime de l'Absolu, et pendant la période que les intelligences mettent à passer de l'un à l'autre, la conscience hésite et trébuche entre ses traditions et ses aspirations ; et comme peu de gens savent discerner la double impression à laquelle ils obéissent, séparer ce qu'ils affirment ou nient en vertu de leur croyance à l'Absolu d'avec ce qu'ils nient ou affirment en vertu de leur adhésion au Progrès, il résulte pour la société, de ce bouillonnement de toutes les notions fondamentales, un pêle-mêle des opinions et des intérêts, une bataille des partis, où la civilisation s'abîmerait bientôt, si la lumière ne parvenait à se faire dans ce néant.

Telle est la situation où se trouve la France, non pas seulement depuis la révolution de février, mais depuis celle de 1789; situation dont j'accuse jusqu'à certain point les philosophes, les publicistes, tous ceux qui, ayant mission d'instruire le peuple et de former l'opinion, n'ont pas vu ou n'ont pas voulu voir, que l'idée de Progrès étant désormais universellement acceptée, ayant acquis droit de bourgeoisie, non-seulement dans les écoles, mais jusque dans les temples, érigée enfin en catégorie de la raison, les anciennes représentations des choses tant naturelles que sociales sont perverties, et qu'il est nécessaire de reconstruire à nouveau, au moyen de cette lampe nouvelle de l'entendement, la science et les lois.

Divisit lucem à tenebris! Séparation des idées positives, construites sur la notion du Progrès, d'avec les théories plus ou moins utopiques que suggère l'Absolu : telle est, monsieur, la pensée générale qui me guide. Voilà mon principe, mon idée mère; ce qui fait le fond et le lien de tous mes jugements. Il me sera facile de vous montrer comment, dans toutes mes controverses, j'ai cru y obéir : vous direz si j'y ai été fidèle.

II

Ainsi je soutiens, et c'est une de mes convictions les plus inébranlables, qu'avec la notion du Progrès toute notre vieille logique aristotélicienne, toute cette dialectique d'école est sans valeur aucune ; qu'il faut au plus vite, sous peine de déraisonner toute notre vie, nous en débarrasser. Ce qu'on prend pour raisonnement aujourd'hui, mélange de conceptions absolutistes et progressistes, n'est qu'une association fortuite ou arbitraire d'idées, un amphigouri brillanté, un phébus précieux ou sentimental. Je ne vous citerai pas d'exemples : notre littérature contemporaine, abstraction faite de la forme, n'est à mon jugement, au point de vue des idées, qu'un immense gâchis. Personne ne comprend plus son voisin ni soi-même; et si parfois, dans les affaires de parti surtout, quelques-uns semblent entre eux d'accord, c'est qu'un reste de préjugé leur fait répéter les mêmes mots et les mêmes phrases, sans que du reste ils y attachent la même signification. Depuis que la notion de Progrès s'est glissée dans les esprits, l'Absolu ayant conservé la plupart des positions, le chaos est dans toutes les têtes; et comme le Progrès, à un degré quelconque, s'impose à tous avec une force invincible, le plus fou est encore celui qui, en croyant s'en débarrasser, a la prétention de ne paraître pas fou.

J'ai fait ce que j'ai pu, dans la mesure de mes forces, avec plus de bonne volonté sans doute que d'aptitude, pour éclairer un peu ces ténèbres : il ne m'appartient pas de dire jusqu'à quel point j'ai réussi, mais voici à peu près comment j'ai procédé.

Le mouvement existe : voilà mon axiome fondamental. De dire comment j'acquiers la notion du mouvement, ce serait dire comment je pense, comment je suis. C'est une question à laquelle j'ai le droit de ne pas répondre. Le mouvement est le fait primitif que révèlent à la fois l'expérience et la raison. Je vois le mouvement et je le sens; je le vois hors de moi, et je le sens en moi; si je le vois hors de moi, c'est que je le sens en moi, et *vice versâ*. L'idée du mouvement m'est donc donnée à la fois par les sens et par l'entendement; par les sens, puisque pour avoir l'idée du mouvement il faut l'avoir vu; par l'entendement, puisque le mouvement en soi, quoique sensible, n'est rien de réel, et que tout ce que les sens révèlent dans le mouvement, c'est que le même corps qui tout à l'heure était dans un certain lieu, l'instant d'après se trouve dans un autre.

Pour que j'aie l'idée de mouvement, il faut donc qu'une faculté spéciale, que je nomme les *sens*, et une autre faculté que je nomme l'*entendement*, concourent dans ma CONSCIENCE à me la fournir : voilà tout ce que je puis dire sur le mode de cette acquisition. En autres termes, je découvre le mouvement au dehors parce que je le sens au dedans; et je le sens parce que je le vois : au fond les deux facultés n'en font qu'une; le dedans et le dehors sont les deux faces d'une seule et même activité, il m'est impossible d'aller au delà.

L'idée du mouvement obtenue, toutes les autres s'en déduisent, les intuitions comme les conceptions. C'est à tort, selon moi, que parmi les philosophes, les uns, tels que Locke et Condillac, ont prétendu rendre compte de toutes les idées à l'aide des sens; les autres, tels que Platon et Descartes, nier l'intervention des sens, et tout expliquer par l'innéité; les plus raisonnables enfin, Kant à leur tête, faire une distinction entre les idées, et expliquer les unes par le rapport des sens, les autres par l'activité de l'entendement. Pour moi, toutes nos idées, soit intuitions, soit conceptions, proviennent de la même source, l'action simultanée, conjointe, adéquate, et au fond identique, des sens et de l'entendement.

Ainsi, toute intuition ou idée sensible est l'aperception d'une composition, est elle-même une composition : or, toute composition, soit qu'elle existe dans la nature ou qu'elle résulte d'une opération de l'esprit, est le produit d'un mouvement. Si nous n'étions pas nous-mêmes une puissance motrice en même temps qu'une réceptivité, nous ne verrions pas les objets, parce que nous serions incapables de les *parcourir*, d'en *ramener* la diversité à l'unité, comme dit Kant.

Toute conception, au contraire, indique une analyse du mouvement, ce qui est encore un mouvement, et que je démontre de la manière suivante :

Tout mouvement suppose une direction, A ——→ *B*. Cette proposition est fournie, *à priori*, par la notion même de mouvement. L'idée de *direction*, inhérente à l'idée de mouvement étant acquise, l'imagination s'en empare et la divise en deux termes : A, côté *d'où vient* le mouvement, B, côté *où il va*. Ces deux termes donnés, l'imagination les précise en ces deux autres, *point de départ* et *point d'arrivée*, autrement dire, *principe* et *but*. Or, l'idée de principe et de but n'est qu'une fiction ou conception de l'imagination, que dis-je? une illusion des sens. Une étude approfondie montre qu'il n'y a ni ne peut y avoir, au mouvement perpétuel qui constitue l'univers, ni principe ni but, ni commencement ni fin. Ces deux idées, de notre part purement spéculatives, n'indiquent dans les choses rien de plus que des relations. Accorder une réalité quelconque à ces notions, c'est se faire une illusion volontaire.

De ce double concept, de commencement ou de principe, et de but ou de fin, se déduisent tous les autres. L'*espace* et le *temps* sont deux manières de concevoir l'intervalle qui sépare les deux termes supposés du mouvement, point de départ et point d'arrivée, principe et but, commencement et fin. Considérés en eux-mêmes, le temps et l'espace, notions indifféremment objectives ou subjectives, mais essentiellement analytiques, ne sont, à cause de l'analyse même qui leur donne naissance, rien, moins que rien; ils ne valent que par la somme de mouvement ou d'existence qu'ils sont censés contenir, de telle sorte que, suivant la proportion de mouvement ou d'existence qu'il renferme, un point peut valoir l'infini, et un instant l'éternité.

Je traite de même l'idée de *cause* : c'est encore un produit de l'analyse, qui, après nous avoir fait supposer dans le mouvement un principe et une fin, nous induit à supposer encore, par une nouvelle illusion de l'empirisme, le premier comme *générateur* de la seconde, à peu près comme dans le *père* nous voyons l'auteur ou la cause de ses *enfants*. Mais ce n'est toujours qu'une relation transformée illégitimement en réalité : il n'y a pas, dans l'univers, de cause première, seconde ni dernière ; il n'y a qu'un seul et même courant d'existences. Le mouvement est : voilà tout. Ce que nous appelons cause ou force n'est, comme ce que nous nommons principe, auteur ou moteur, qu'une face du mouvement, la face A ; tandis que l'effet, le produit, le mobile, le but ou la fin, en est la face B. Dans l'ensemble des existences cette distinction n'a plus lieu : la somme des causes est identique et adéquate à la somme des effets, ce qui est la négation même des unes et des autres. Le mouvement ou, comme disent les théologiens, la création, est l'état naturel de l'univers.

De l'idée de mouvement, je déduis encore,

et toujours par le même procédé analytique, les concepts d'*unité*, de *pluralité*, de *même* , d'*autre;* lesquels à leur tour me conduisent à ceux de *sujet* et d'*objet*, d'*esprit* et de *matière*, etc., sur lesquels je reviendrai tout à l'heure.

C'est ainsi qu'à l'aide d'une seule notion, dont j'avoue au surplus l'impénétrabilité, parce qu'elle est l'existence même et la vie, avec la notion, dis-je, de mouvement et de progrès, je rends compte de la formation des idées, et que je les explique toutes, intuitions et conceptions, celles-là par voie de composition, celles-ci par voie d'analyse. Ce n'est point là, j'imagine, la marche qu'ont suivie jusqu'ici les philosophes qui ont spéculé sur le mouvement: sans cela, il y a longtemps qu'ils auraient fait l'application de leur méthode à la pratique sociale; il y a longtemps qu'ils auraient révolutionné le monde. Car telle est la théorie des idées, telle l'économie du genre humain.

III

La théorie des idées me conduit à celle du raisonnement.

Du moment que je conçois le mouvement

comme l'essence de la nature et de l'esprit, il s'ensuit d'abord que le raisonnement, ou l'art de classer les idées, est une certaine évolution, une histoire, ou, comme je l'ai appelé quelque part, une *série*. D'où il résulte que le syllogisme, par exemple, le roi des arguments de l'ancienne école, n'a qu'une valeur tout à fait hypothétique, conventionnelle et relative : c'est une série tronquée, propre uniquement à faire déraisonner le plus innocemment du monde ceux qui ne savent pas la ramener à sa plénitude, en opérer la reconstruction intégrale.

Ce que je dis du syllogisme, il faut le dire de l'induction bâconienne, du dilemme, et de toute l'ancienne dialectique.

L'induction, demeurée stérile entre les mains des philosophes, malgré l'annonce de Bâcon, redeviendrait l'instrument de l'invention et la formule la plus heureuse de la vérité, si elle était conçue, non plus comme une sorte de syllogisme pris à rebours, mais comme la description complète d'un mouvement de l'esprit, inverse de celui indiqué par le syllogisme, et tracé, de même que dans le syllogisme, par un petit nombre de jalons.

Le dilemme, réputé le plus fort des arguments, ne serait plus regardé que comme une arme de mauvaise foi, le poignard du brigand qui vous attaque dans l'ombre, par derrière et par devant, tant qu'il n'aurait pas été rectifié par la théorie de l'antinomie, forme la plus élémentaire et composition la plus simple du mouvement.

Mais ce n'est pas tout que de porter la réforme dans les instruments dialectiques. Il faut savoir encore, et ne jamais perdre de vue, que la méthode de raisonnement même la plus authentique et la plus sûre, ne peut pas toujours, par elle-même, conduire à une distinction entière de la vérité. Il en est, ai-je dit ailleurs, du classement des idées comme de celui des animaux et des plantes, comme des opérations de mathématique elles-mêmes. Dans les deux règnes, animal et végétal, les genres et espèces ne sont pas partout et toujours susceptibles d'une détermination précise; ils ne se définissent bien que dans les individus placés aux extrémités des séries; les intermédiaires, comparés à ceux-là, sont souvent inclassifiables. Plus on prolonge l'analyse, plus on voit surgir, de l'observation des caractères, des raisons pour et contre. Il en est de même en arithmétique, dans ces divisions où le dividende, prolongé en décimales aussi loin qu'on voudra, ne peut jamais se résoudre en un quotient exact. Ainsi les idées, et tous ceux qui ont parcouru les traités de jurisprudence, qui se sont occupés de procès et de procédures, l'ont éprouvé ; les idées, dis-je, ne sont pas toujours, quelque subtilité de dialectique qu'on emploie, complétement déterminables ; il est une foule de cas où l'élucidation laissera toujours quelque chose à désirer. Et comme si tous les genres de difficultés devaient se réunir pour tourmenter le dialecticien et désespérer le philosophe, ce n'est jamais sur les cas douteux que la masse des humains hésite et se divise : par un caprice étrange, ils ne disputent et ne se battent que sur les solutions les mieux démontrées...

En deux mots, et pour conclure sur cet article, je dis, j'affirme que l'ancienne méthode de ratiocination sur laquelle a vécu jusqu'à ce jour la philosophie, et dans laquelle notre génération a été élevée, est désormais convaincue de faux, qu'elle est d'autant plus fausse et pernicieuse, qu'elle admet aujourd'hui, dans son vieil arsenal, un nouvel instrument de guerre, le Progrès : d'où je conclus que notre logique doit au plus tôt être réformée par la construction de cette idée nouvelle, à peine d'infamie et de suicide.

IV

Si de la logique et de la dialectique nous passons à l'ontologie, nous rencontrons, après l'introduction de l'idée de Progrès, des impossibilités non moins nombreuses et non moins graves, qui soulèvent des observations analogues, et sollicitent même réforme.

Tout ce que nos traités de physique, chimie, histoire naturelle, contiennent d'idées générales sur les corps, de même que sur l'intelligence, est tiré des spéculations d'Aristote, Abeilard, Descartes, Leibniz, Kant, etc., ce qu'on nommait au moyen âge, universaux et catégories : *Substance, cause, esprit, matière, corps, âme,* etc. Une seule notion, la plus importante, n'a pas fourni son contingent, le *Progrès.*

Sans doute, on ne nous parle plus de qualités occultes, d'entités, de quiddités, d'horreur du vide, etc. Tout cela a disparu de l'ontologie : en sommes-nous plus avancés? n'est-il pas vrai que tous nos savants, sans exception, de même que nos psychologues, sont encore, bon gré mal gré, dualistes, panthéistes, atomistes, vitalistes, matérialistes, mystiques même, partisans enfin de tous les systèmes, de tous les rêves qu'enfanta la vieille ontologie?...

Je ne puis m'empêcher de relever en passant l'illusion spéculative qui, depuis tant de siècles, a fait débiter aux philosophes tant d'absurdités ontologiques.

La condition de toute existence, après le mouvement, est sans contredit l'*unité;* mais de quelle nature est cette unité? Si nous interrogeons la théorie du Progrès, elle nous répond que l'unité de tout être est essentiellement *synthétique,* que c'est une unité de *composition* (1). Ainsi l'idée de mouvement, idée primordiale pour toute intelligence, est synthétique, puisque, comme nous l'avons vu tout à l'heure, elle se résout analytiquement en deux termes, que nous avons représentés par cette figure, A ———→ B. Pareillement, et à plus forte raison, toutes les idées, intuitions ou images que nous recevons des objets, sont synthétiques dans leur unité : ce sont des combinaisons de mouvements, variées et compliquées à l'infini, mais convergentes et unes dans leur collectivité.

(1) Protagoras dit : *Il n'est rien que par relation à quelque chose.* Le un n'est donc qu'une hypothèse ; le moi n'est pas un être : c'est un FAIT, un phénomène, voilà tout.

Cette notion de l'UN, à la fois empirique et intellectuelle, condition de toute réalité et existence, on l'a confondue avec celle du *simple*, laquelle résulte de l'analyse de la série ou expression algébrique du mouvement, et, de même que la cause et l'effet, le principe et le but, le commencement et la fin n'est qu'une conception de l'esprit, ne représente rien de réel et de vrai.

C'est de ce simplisme qu'on a déduit toute une prétendue science des êtres, l'ontologie.

La *cause* est simple, a-t-on dit; — par conséquent le *sujet* est simple, et l'*esprit*, expression la plus haute de la cause et du moi, est simple également.

Mais, a fait observer Leibniz, si la cause est simple, le *produit* de cette cause doit être encore simple, voilà la *monade*. Si le sujet est simple, l'*objet* qu'il crée en s'opposant à lui-même, ne peut pas ne pas être simple, donc la *matière* est simple aussi : voici l'*atome*.

Tirons la conséquence : la cause et l'effet, le moi et le non-moi, l'esprit et la matière, toutes ces *simplicités* spéculatives que l'analyse fait sortir de la notion une et synthétique du mouvement, sont de pures conceptions de l'entendement ; il n'existe ni âmes ni corps, ni créateur ni créatures, et l'univers est une chimère. Si l'auteur de la monadologie avait été de bonne foi, c'est ainsi qu'il aurait conclu avec Pyrrhon, Barclay, Hume et les autres.

Aussi le système des monades, malgré tout le génie de son auteur, est-il demeuré sans partisans : c'était trop clair. Misère ou lâcheté de la raison humaine! On a conservé, comme articles de foi, la simplicité de la cause, la simplicité du moi, la simplicité de l'esprit : mais on a affirmé la composition des créatures et la divisibilité de la matière : c'est sur cet étrange compromis que repose l'ontologie des modernes, leur psychologie et leur théodicée!...

Avec l'idée de mouvement ou de progrès, tous ces systèmes, fondés sur les catégories de substance, causalité, sujet, objet, esprit, matière, etc., tombent, ou plutôt s'expliquent, pour ne reparaitre jamais. La notion de l'être ne peut plus être cherchée dans un invisible quelconque, esprit, corps, atome, monade, ou tout ce qu'il vous plaira. Elle cesse d'être simpliste pour devenir synthétique : ce n'est plus la conception, la fiction d'un je ne sais quoi insécable, immodifiable, intransmutable, etc. : l'intelligence, qui se pose d'abord une synthèse avant de l'attaquer par l'analyse, n'admet *à priori* rien de pareil. Elle ne sait ce que sont, en elles-mêmes, la substance et la force; elle ne prend point ses éléments pour des réalités, puisque, par la loi de constitution de l'esprit, la réalité disparait, lorsqu'il cherche à la résoudre en ses éléments. Tout ce que sait et qu'affirme la raison, c'est que l'*être*, ainsi que l'idée, est un GROUPE.

De même que dans la logique l'idée de mouvement ou de progrès se traduit en cette autre, la série; de même, dans l'ontologie, elle a pour synonyme le groupe. Tout ce qui existe est groupé; tout ce qui forme groupe est un, par conséquent est perceptible, par conséquent est. Plus les éléments et les rapports qui concourent à la formation du groupe sont nombreux et variés, plus il s'y trouve de puissance centralisatrice; plus aussi l'être obtient de réalité. Hors du groupe il n'y a que des abstractions et des fantômes. L'homme vivant est un groupe, comme la plante et le cristal, mais à un plus haut degré que ces derniers; d'autant plus vivant, plus sentant, et mieux pensant que ses organes, groupes secondaires, sont dans un accord plus parfait entre eux, et forment une combinaison plus vaste. Ce moi, cet un que j'appelle mon *âme* (1), je ne le considère plus comme une monade, gouvernant, de la sublimité de sa nature soi-disant *spirituelle*, d'autres monades injurieusement réputées *matérielles* : ces distinctions de l'école sont pour moi dépourvues de sens. Je ne m'occupe pas de ce *caput mortuum* des êtres, solide, liquide, gaz ou fluide, que les docteurs nomment emphatiquement SUBSTANCE ; je ne sais même, bien que je sois enclin à le supposer, s'il est quelque chose qui réponde à ce mot de substance. La substance pure,

(1) On sait que la signification primitive des mots *âme*, *esprit*, est souffle, respiration. C'est d'après cette image matérielle qu'a été conçue la pneumatologie des anciens, qui plaçaient l'âme dans les poumons, et la refusaient très-logiquement aux pierres et aux plantes, attendu qu'ils ne les voyaient pas souffler. Plus tard, la flamme est devenue à son tour terme de comparaison, et l'âme a été logée dans le sang. *Le sang de l'animal, c'est son âme*, dit la Bible. Descartes la mit dans la glande pinéale.

Il est étonnant que les découvertes de la physique moderne n'aient pas amené une révolution plus radicale dans la pneumatologie. Tous les corps rayonnent du calorique, de la lumière, de l'électricité; tous sont dans un état d'absorption et d'exsudation perpétuelle, tous pénétrés et enveloppés d'un fluide habituellement invisible, mais qui devient quelquefois apparent, comme dans la combustion, les décharges électriques, les aurores boréales, etc. C'est par ce fluide, qu'il ne tient qu'à nous de considérer comme l'âme du monde, que les corps se pressent, s'attirent, se re-

réduite à son expression la plus simple, absolument amorphe, et que l'on pourrait nommer assez heureusement le *pantogène*, puisque d'elle seraient sorties toutes choses, si je ne puis pas dire tout à fait qu'elle est *rien*, est pour ma raison comme si elle n'était pas ; elle est adéquate à NÉANT. C'est le point mathématique, qui n'a ni longueur, ni largeur, ni profondeur, et qui cependant engendre toutes les figures. Je ne considère en chaque être que sa compo-

poussent, se combinent entre eux, passent à l'état solide, liquide ou gazeux. Qui empêche de dire que l'âme humaine est aussi un fluide, formé de la combinaison de plusieurs autres (comme la chair et les os sont composés de divers éléments), lequel enveloppe et pénètre le corps, court dans les nerfs, fait circuler le sang, nous met, à distance, en rapports plus ou moins intimes avec nos semblables, et par cette communication crée des groupes supérieurs, des natures nouvelles?...

Qu'on pousse cette étude aussi loin qu'on voudra, nous ne verrons jamais, quant à nous dans toutes ces *manifestations fluidiques*, en les supposant aussi dégagées d'erreur, de charlatanisme et de superstition que la science la plus sévère peut l'exiger, que des spéculations analytiques ou symétriques sur l'être, ses attributs et ses facultés. L'existence transcendante, à nos yeux, n'est pas celle de prétendus *esprits* ou *aromes*, qui, séparés de leurs *corps*, sont aussi chimériques que le temps ou l'espace séparés de la notion de mouvement; c'est l'homme sensible, intelligent et moral; c'est surtout le groupe humain, la Société.

sition, son unité, ses propriétés, ses facultés, que je ramène toutes à une raison unique, variable, susceptible d'élévation à l'infini, le groupe (1).

V

C'est d'après cette conception de l'*être* en général, et en particulier du *moi* humain, que je crois possible de prouver la réalité positive, et jusqu'à certain point de démontrer les idées (les lois) du moi social ou du groupe humanitaire, et de constater et manifester, au-dessus et en dehors de notre existence individuelle, l'existence d'une individualité supérieure de l'homme collectif, existence que la philosophie ne pouvait pas même auparavant soupçonner, parce que, d'après ses données ontologiques, elle était dans l'incapacité absolue de la concevoir.

Suivant les uns, la société est la juxtaposition d'individus similaires faisant chacun le sacrifice d'une partie de leur liberté, afin de pou-

(1) La science moderne confirme cette définition de l'être. Plus la physique et la chimie avancent, plus elles se *dématérialisent*, et tendent à se constituer sur des notions purement mathématiques.

voir, sans se nuire les uns aux autres, demeurer juxtaposés, et vivre côte à côte en paix. Telle est la théorie de Rousseau : c'est le système de l'arbitraire gouvernemental, non pas, il est vrai, en tant que cet arbitraire est le fait d'un homme prince ou tyran ; mais, ce qui est beaucoup plus grave, en tant qu'il est le fait de la multitude, le produit du suffrage universel. Selon qu'il conviendra à la multitude, ou à ceux qui la soufflent, de resserrer plus ou moins le lien social, de donner plus ou moins d'essor aux libertés locales et individuelles, le prétendu *Contrat social* peut aller depuis le gouvernement direct et parcellaire du peuple jusqu'au césarisme, depuis les relations de simple voisinage jusqu'à la communauté de biens et de gains, d'enfants et de femmes. Tout ce que l'histoire et l'imagination peuvent suggérer d'extrême licence et d'extrême servitude se déduit avec une facilité et une rigueur de logique égale de la théorie sociétaire de Rousseau.

Suivant d'autres, et ceux-ci malgré leurs allures scientifiques ne me semblent guère plus avancés, la société, personne morale, être de raison, fiction pure, n'est que le développement, sur des masses, des phénomènes de l'organisation individuelle, de telle sorte que la connaissance de l'individu donne aussitôt la connaissance de la société, et que la politique se résout dans la physiologie et l'hygiène. Mais qu'est-ce que l'hygiène sociale? C'est apparemment, pour chaque membre de la société, une éducation libérale, une instruction variée, une fonction lucrative, un travail modéré, un régime confortable : or, la question est précisément de savoir comment nous nous procurerons tout cela!

Pour moi, d'après la notion de mouvement, progrès, série, groupe, dont l'ontologie est désormais forcée de tenir compte, et d'après les quelques renseignements que fournissent sur la question l'économie et l'histoire, je regarde la société, le groupe humain, comme un être *sui generis*, constitué par le rapport fluidique et la solidarité économique de tous les individus soit de la nation, soit de la localité ou corporation, soit de l'espèce entière; lesquels individus circulent librement les uns à travers les autres, s'approchent, se joignent, s'écartent tour à tour dans toutes les directions; — un être qui a ses fonctions à lui, étrangères à notre individualité, ses idées qu'il nous communique, ses jugements qui ne ressemblent point aux nôtres, sa volonté en opposition diamétrale avec nos instincts, sa vie, qui n'est point celle de l'animal ou de la plante, bien qu'elle y rencontre des analogies ; — un être, enfin, qui, sorti de la nature, semble le Dieu de la nature, dont il exprime à un degré supérieur (surnaturel) les puissances et les lois (1).

De pareilles doctrines, je le sais, quand elles ne se réclament pas d'une révélation d'en-haut, ne peuvent s'établir que sur des faits. Aussi est-ce à l'aide de faits, rien que de faits, non d'arguments, que je pense pouvoir démontrer cette existence supérieure, véritable incarna-

(1) « L'homme seul n'est qu'un fragment d'être : l'être vé- » ritable est l'être *collectif*, l'Humanité, qui ne meurt point, » qui, dans son unité, se développe sans cesse, recevant de » chacun de ses membres le produit de son activité propre, » et lui communiquant, selon la mesure où il y peut partici- » per, le produit de l'activité de tous : corps dont la crois- » sance n'a point de terme assignable, qui, suivant les lois » immuables de sa conservation et de son évolution, distribue » la vie aux organes divers qui perpétuellement le renou- » vellent, en se renouvelant eux-mêmes perpétuellement. » (*De la société première et de ses lois*, par LAMENNAIS, 1848.)

Qui ne croirait, après avoir lu ce passage où la réalité objective, organique, personnelle de l'être collectif est affirmée avec toute l'énergie et la propriété d'expressions dont le langage est susceptible, que l'auteur va donner l'anatomie, la physiologie, la psychologie, etc., de la société? Mais M. de Lamennais est grand poète et fort peu naturaliste. La métaphore le

tion de l'âme universelle... Mais, en attendant que les faits se produisent, il peut être utile d'en relever certaines conséquences qui déjà se sont produites, concernant les questions, insolubles dans l'état antérieur de la philosophie, qui agitent en ce moment la conscience des peuples.

Parlons donc de la religion, de cette foi respectable, sur laquelle l'incrédule ne sait encore exprimer que du mépris, le croyant former autre chose que des souhaits, et pour résumer d'un mot toute cette matière, abordons le pro-

rend devin; et tandis qu'il croit ne faire qu'une allégorie, il pose, à son insu, l'être réel qu'il ne sait pas. Après avoir parlé en philosophe humanitaire de l'être collectif, M. de Lamennais retourne chercher les lois de la société dans la théologie; il analyse les dogmes de la Trinité et de la Grâce, et retombe dans le vide intellectuel, propre aux mystiques et aux phraséologues.

Je pourrais citer encore d'autres écrivains qui, comme M. de Lamennais, semblent avoir touché la réalité de l'être social, et parlent dans les meilleurs termes de son *âme*, de son *genie*, de ses *passions*, de ses *idées*, de ses *actes*, etc. Mais on s'aperçoit vite que tout cela n'est de leur part que figure et verbiage; pas un fait, pas une observation, qui témoigne qu'ils aient compris leurs propres paroles. C'est comme le style de ces économistes, qu'on jurerait, à les lire, disciples de Babœuf ou de Cabet, mais qu'on reconnaît bientôt, à leurs protestations antisocialistes, pour les plus hypocrites et les plus insipides des bavards.

blème de la Divinité. Ici encore je me trouve placé sur un terrain neuf, où l'idée de Progrès vient réformer tout ce qui a été écrit et enseigné par les doctes, au nom de l'Absolu.

VI

J'observe d'abord, chose que tout le monde sait aujourd'hui, qu'il en est de la question théologique comme de la question politique; qu'elle est essentiellement mobile et oscillante de sa nature, tantôt plus grande, tantôt plus petite, sans que, dans aucune de ses positions, elle puisse jamais fixer ni satisfaire l'esprit. En sorte que le philosophe lancé à la poursuite de l'être divin est continuellement entraîné d'une hypothèse à l'autre, du fétichisme au polythéisme, de celui-ci au monothéisme, du monothéisme au déisme, puis au panthéisme, puis à l'idéalisme, au nihilisme, pour recommencer ensuite par le matérialisme, le fétichisme, etc. C'est ainsi que chez l'homme qui cherche l'ordre social par voie d'autorité, la raison est traînée invinciblement de la monarchie absolue à la monarchie constitutionnelle, de celle-ci à une république oligarchique ou censitaire, de l'oligarchie à la démocratie, de la démocratie à l'anarchie, de l'anarchie à la dictature, pour recommencer par la monarchie absolue, et ainsi de suite, à perpétuité. Cette nécessité de transitions sans fin, qui avait été si nettement aperçue, pour la question politique, par Aristote, et qui a été constatée de nos jours, pour la question religieuse, par la philosophie allemande, est peut-être la seule conquête positive de la philosophie, forcée de reconnaître, par la bouche de ses plus grands écrivains, que même dans le cercle de ses catégories absolutistes, l'esprit est toujours en mouvement.

Cette course circulaire de l'esprit sur les deux questions qui intéressent au plus haut degré la société, la religion et le gouvernement, mise hors de doute, je me demande si elle ne proviendrait pas de quelque illusion métaphysique, et dans ce cas, quelle correction il y faut faire?

Or, en y regardant de plus près, je trouve que tout ce qui a été écrit de l'*Être suprême*, depuis Orphée jusqu'au docteur Clarke, n'est qu'un travail de l'imagination sur les catégories, c'est-à-dire sur les conceptions analytiques (simplistes et négatives), que l'entendement a la faculté de tirer de l'idée primordiale (synthétique et positive) de mouvement ; travail qui consiste, ainsi que je le faisais observer tout à l'heure, à donner une réalité à des signes algébriques, à affirmer comme être vivant, actif, intelligent et libre, ce qui ne serait cependant ni homme, ni animal, ni plante, ni astre, rien de connu, de sensible, de défini ou de définissable, rien à plus forte raison de groupé ou de sérié, mais substance pure, cause pure, volonté pure, esprit pur, en un mot toute la série d'abstractions qui se déduit de la face A de l'idée de mouvement, par exclusion de la face B. Et tout cela, selon les doctes, devrait être conçu dans un degré supérieur, une puissance infinie, une durée éternelle, dans l'absolu des absolus.

Je rejette toute cette déduction, d'abord comme entachée de nullité, puisque Dieu, l'être des êtres, *ens realissimum*, d'après l'idée que nous nous en faisons, doit embrasser tous les attributs, toutes les conditions de l'existence, et qu'il manque ici à la définition l'élément le plus essentiel, le Progrès. Je la nie ensuite, cette même déduction, comme destructive de l'être qu'elle a pour objet de prouver, et conséquemment comme contradictoire, attendu précisément qu'elle repose sur une série d'analyses qui, prolongée aussi loin qu'on voudra, ne peut jamais aboutir qu'à une scission, à une négation de l'être. Et je conclus à mon tour, en reprenant l'affirmative, *assumens parabolam,* comme dit Job, que l'idée de mouvement et de progrès, si longtemps tenue dans l'ombre par les métaphysiciens, étant réintégrée dans ses droits, le Dieu que nous cherchons ne peut plus être tel que l'enseigne la vieille théologie ; il doit être tout autre que ce que l'ont fait les théologiens. En effet, si nous appliquons à l'Être suprême la condition de mouvement, de progrès, et nous ne pouvons pas ne pas la lui appliquer, puisque sans cela il ne serait pas suprême, il va arriver que cet être ne sera plus, comme jadis, simple, absolu, immuable, éternel, infini, en tout sens et toute faculté, mais organisé, progressif, évolutif, perfectible par conséquent, susceptible d'acquisition en science, vertu, etc., à l'infini. L'infini ou l'absolu de cet être n'est plus dans l'actuel, il est dans le potentiel... Le Dieu de Kant, d'Aristote, de Moïse, de Jésus, n'est donc pas vrai, au moins d'après les pièces produites, puisqu'il exclut la condition la plus essentielle de l'existence dans la nature et dans l'humanité, et que cette exclusion implique contradiction avec la vie que cependant on lui accorde. *Je t'adjure par le Dieu vivant,* dit l'Église dans ses exorcismes. Dieu, en un mot, n'*est* pas, ne peut pas *être* au sens que les métaphysiciens donnent à ce mot, puisque la privation de toute conditionnalité, ou le simplisme, loin d'indiquer la plus haute puissance de l'être, en marque au contraire le degré le plus bas; Dieu ne peut que *devenir,* c'est à cette condition seulement qu'il est (1).

(1) « Dieu, la substance-cause, est-il simple ou multiple? S'il » est simple, comme le suppose Spinosa, par quel moyen, par » quelle action, par quelle loi, peut-il passer de son mode d'ac- » tion métaphysique au mode d'existence finie, et se manifester » physiquement par la forme, la variété et la succession, dans » l'espace et dans le temps, sans se diviser? Là est le nœud de » la difficulté. Spinosa ne l'a point résolue, et ne pouvait la ré- » soudre.

» Avec la constitution simple et indivisible donnée à la sub- » stance-cause, Dieu, doué d'ailleurs de tous les autres attributs » théologiques, n'est, dans le spinosisme, rien autre chose qu'un » atome solitaire dont l'étendue est infinie. Cet atome, infiniment » étendu, occupe à lui seul tout l'espace, ou plutôt il n'y a pas » d'espace, et l'étendue indivisible de Dieu, dans son infinité, » n'est rien autre chose que ce que nous entendons par l'es- » pace.

» Or, dans cet être simple et indivisible, dans ce Dieu atome, » infini en étendue, la propriété de l'étendue étant indivisible, » puisque le sujet qui la possède est simple, il n'est pas possible, » le nombre n'existant pas en lui, de trouver la raison ni le

Que si maintenant, après avoir écarté les savantes chimères de la théologie, je veux consulter le témoignage spontané des races humaines sur l'essence et la fonction de l'être divin, je découvre d'abord que l'idée de Progrès, oubliée par mégarde dans la liste des catégories de l'école, n'a pas été perdue pour les masses; qu'en vertu de cette idée, le peuple, raisonnant dans la liberté de ses instincts, parlant en son propre nom, sans truchement de l'Académie, du Portique ni de l'Église, a pris constamment pour Dieu un être agissant, mobile, progressif,

» moyen d'une action quelconque par laquelle Dieu produise la » multitude des êtres étendus et finis qui constituent le phéno- » mène de l'Univers : sa constitution s'y oppose. Comme il est » infini dans son étendue simple et indivisible, et qu'il » n'y a rien hors de lui, il ne peut y avoir en lui que lui- » même, c'est-à-dire un simple atome, infini en étendue. » (Ch. Lemaire, *Initiation à la philosophie de la Liberté*, t. II.)

M. de Lamennais, *Esquisse d'une philosophie*, a senti la difficulté, et il a tenté de la résoudre, à l'exemple des gnostiques et kabbalistes, en se servant des hypostases divines, l'Amour, la Volonté, l'Intelligence, pour faire produire à Dieu, selon leurs catégories, tous les êtres. M. Ch. Lemaire réfute ainsi ce système : « Avec la simplicité constitutionnelle de Dieu, con- » dition qui domine nécessairement celui de ses attributs » que nous appelons l'étendue, quels que soient d'ailleurs » le nombre et la variété des autres attributs que l'on donne » à Dieu pour le faire sortir de son inaction et de son impuis-

sensible enfin; que seulement, à mesure que son intelligence s'est développée, il a ennobli son idole, et que la plus haute perfection qu'il ait cru lui donner, ç'a été de la faire homme. Je vois que de tout temps l'Humanité a tendu, à travers ses évolutions religieuses, à anthropomorphiser ou plutôt socialiser l'être ineffable; que partout et toujours, dans la conscience populaire, le problème des religions se résout dans l'identité de la nature sociale et de la nature divine; que si, d'un côté, le peuple a prêté à Dieu les facultés, les passions, les vertus et les misères de l'humanité; s'il l'a fait naître,

» sance à former de sa propre substance des êtres finis, tous » ces attributs, tels que la Puissance, la Science, l'Amour » même, ne peuvent servir qu'à constituer des personnifications » mythologiques et abstraites; mais ils sont sans efficacité pour » générer le plus petit être fini, la plus petite forme, la plus » petite personnalité distincte en Dieu ou hors de Dieu, et ils » viennent logiquement échouer devant la simplicité et l'indivisibilité de ce Dieu, être infini et incommensurable sous le » rapport de l'étendue.

» En regard des effets, Dieu, substance simple et indivisible, ne peut donc être la cause des êtres finis. Si l'on suppose, pour sortir de cette difficulté, que les autres attributs de » Dieu, tels que la puissance et la science, puissent changer sa » constitution originelle, et diviser ce qui est déclaré être simple » et indivisible, c'est tomber dans la contradiction, et dire que » ce Dieu que l'on a conçu simple détruit lui-même la condition » de son existence. »

parler, agir, souffrir et mourir comme un homme : de l'autre, il lui a conféré les attributs de la société, le règne, la législation et la justice ; il l'a proclamé saint comme la société, affranchi de la mort comme la société, qui est immortelle.

Ainsi, ce que nous affirmons, cherchons, adorons comme Dieu, n'est autre chose que l'essence pure de l'Humanité, la nature sociale et la nature individuelle indivisiblement unies, mais distinctes, comme les deux natures en Jésus-Christ. Voilà ce qu'attestent la conscience populaire et la série des religions, d'accord avec une métaphysique rectifiée et complète.

Ce n'est pas tout : tandis que ce mouvement d'humanisation de l'être divin se poursuivait dans les masses, un autre s'opérait, toujours à l'insu des théologiens et des philosophes, dans la discipline intellectuelle : c'était le renoncement progressif aux mysticités ontologiques, le délaissement des catégories, reconnues aussi inutiles, pour l'explication de la nature et de la société, que les révélations et les miracles. En un sens, le genre humain, par ses tendances anthropomorphiques, approchait de lui et s'identifiait la Divinité ; en un autre sens, par son positivisme croissant, il éloignait Dieu, et le faisait pour ainsi dire reculer. C'est ainsi que là où Newton, arrêté par une difficulté qui lui semblait insoluble, faisait intervenir pour l'équilibre du monde, la Divinité; Laplace, avec une science plus haute, rendait cette intervention inutile, et renvoyait le dieu avec la machine au grenier.

Pour moi donc, résumant tous ces faits et toutes ces données, il me reste sur la question religieuse : Que ce que l'Humanité cherche dans la religion, sous le nom de Dieu, c'est sa propre constitution, c'est elle-même; que néanmoins Dieu, d'après le dogme théologique, étant infini dans ses attributs, parfait, immuable, absolu; l'Humanité, au contraire, perfectible, progressive, mobile et changeante, le second terme ne saurait être jamais adéquat au premier; qu'ils restent donc fatalement antithétiques, l'un étant toujours l'expression renversée de l'autre; que la conséquence de cette antithèse ou *antithéisme*, comme je l'ai nommé, c'est d'abolir toute religion ou adoration, idolâtrie, pneumatolâtrie, christolâtrie, anthropolâtrie, puisque d'un côté l'idée de Dieu, opposée à celle de mouvement, groupe, série, progrès, ne représente aucune réalité possible, et que de l'autre l'Humanité, essentiellement perfectible, jamais parfaite, restant constamment au-dessous de sa propre idée, reste par conséquent toujours au-dessous de l'adoration, ce que je résume en cette formule à la fois positive et négative, et parfaitement claire dans notre langue : ***Remplacement du culte de l'Être prétendu suprême par la culture de l'Humanité*** (1).

VII

Est-ce la peine à présent, monsieur, que je rappelle ici celles de mes propositions qui, en politique, économie politique, morale, etc., ont fait le plus de bruit, causé le plus de scandale ; que je montre comment elles découlaient toutes de la notion de Progrès, identique dans mon esprit à celle d'*ordre*?

J'écrivais en 1840 cette profession de foi po-

(1) Toute théorie sociale commence nécessairement par une théorie de la raison et par une solution du problème cosmo-théologique. Aucun philosophe n'a manqué à ce devoir. C'est ce qui explique pourquoi les partisans de la hiérarchie politique et sociale procèdent tous d'une conception théosophique, tandis que les démocrates inclinent généralement vers une émancipation absolue de la raison et de la conscience. *Pour démocratiser le genre humain*, dit fort bien M. Charles Lemaire, *il faut démonarchiser l'Univers.*

litique, aussi remarquable de laconisme que d'énergie: *Je suis anarchiste*, posant par ce mot la négation, ou mieux l'insuffisance du principe d'autorité... C'était dire, comme je l'ai montré plus tard, que la notion d'autorité n'est, de même que la notion d'un être absolu, qu'une conception analytique, impuissante, de quelque part qu'on fasse venir l'autorité, et de quelque façon qu'elle s'exerce, à donner une constitution sociale. A l'autorité, à la politique, je substituais donc l'ÉCONOMIE, idée synthétique et positive, seule capable, selon moi, de conduire à une conception rationnelle et pratique de l'ordre social. Je ne faisais d'ailleurs en cela que reprendre la thèse de Saint-Simon, si étrangement défigurée par ses disciples, et combattue aujourd'hui, pour des raisons de tactique que je ne devine pas, par M. Enfantin. Elle consiste à dire, d'après l'histoire, et d'après l'incompatibilité des idées d'autorité et de progrès, que la société est en train d'accomplir pour la dernière fois le cycle gouvernemental; que la raison publique a acquis la certitude de l'impuissance de la politique, en ce qui concerne l'amélioration du sort des masses; qu'à la prépondérance des idées de pouvoir et d'autorité a commencé de succéder dans l'opinion comme dans l'histoire la prépondérance des idées de travail et d'échange ; que la conséquence de cette substitution est de remplacer le mécanisme des pouvoirs politiques par l'organisation des forces économiques, etc., etc.

Je m'en fie à vous, monsieur, pour dire si dans mes déductions j'ai été logique, si véritablement, comme je le pense, l'idée de progrès, dont le synonyne est liberté, aboutit là.

C'est dans les questions économiques que j'ai poussé le plus loin le développement et l'application de mon principe. J'ai prouvé, et avec quelque succès, ce me semble, que la plupart des notions sur lesquelles repose en ce moment la pratique industrielle, et par suite toute l'économie des sociétés modernes, sont encore, comme les notions de pouvoir, d'autorité, de Dieu, de diable, etc., des conceptions analytiques, des sections mutuellement déduites l'une de l'autre par voie d'opposition, du groupe sociétaire, de son idée, de sa loi, et développées chacune à part sans frein et sans limite. D'où il résulte que la société, au lieu de reposer sur l'harmonie, est assise sur un trône de contradictions ; qu'au lieu de progresser avec certitude dans la richesse et la vertu, comme le veut sa destinée, elle présente un développement parallèle et systématique dans la misère et le crime.

Ainsi j'ai fait voir, je crois avoir fait voir, que la théorie malthusienne de la productivité du capital, justifiable comme moyen de police mercantile, et dans une certaine mesure favorable au mouvement économique, devient, si on l'applique sur une grande échelle, si on prétend la généraliser et en faire une loi de la société, incompatible avec l'échange, avec la circulation, et conséquemment avec la vie sociale elle-même ; que pour faire cesser cette incompatibilité, il faut recomposer l'idée intégrale, faire que chaque emprunteur devienne prêteur, chaque prêteur emprunteur, et que tous les comptes, au débit et au crédit, se balancent; que si la circulation n'est pas aujourd'hui régulière, si la rentrée des valeurs par la vente ne se fait pas pour chaque producteur avec la même facilité que leur sortie par l'achat; si les stagnations, les crises, les chômages, font de la banqueroute un moyen permanent d'équilibre, cela tient, d'abord, à ce que la *valorisation* des produits s'est arrêtée à l'or et à l'argent, à ce que toutes les marchandises ne sont pas, comme l'or et l'argent, prises pour monnaie, ce qui constitue au sein de la richesse générale une inégalité destructive ; — en second lieu, à la prélibation capitaliste, conséquence de cette prérogative du numéraire ; — troisièmement, à la rente foncière, clef de voûte, sanction et glorification de tout le système.

J'ai dit que ce droit du capitaliste, propriétaire ou maître, qui arrête le mouvement économique et entrave la circulation des produits ; qui fait de la concurrence une guerre civile, de la machine un instrument de mort, de la division du travail un système d'abrutissement de l'ouvrier, de l'impôt un moyen d'exténuation populaire, de la possession du sol un domaine féroce et insociable, n'était autre que le droit de la force, droit régalien ou divin, tel que le concevaient les barbares et qu'il résulte des définitions de la politique et des casuistes, expression la plus haute de l'absolu, négation la plus complète des idées d'égalité, d'ordre et de progrès.

Si quelque chose m'a surpris, dans le cours de cette polémique socialiste, c'est bien moins l'irritation produite par mes idées que la contradiction qui s'est élevée contre elles. J'eusse compris l'égoïsme ; je ne conçois pas, en présence de la vérité et des faits, l'inscription en faux. Pour tirer la société du cercle vicieux où elle souffre mort et passion depuis tant de siècles, il faut, m'écriais-je, entrer résolûment dans la voie de progression et de groupement ; poursuivre l'abaissement de la rente et de l'intérêt jusqu'à zéro ; réformer le crédit, en l'élevant de la notion tout individualiste de *prêt* à celle toute sociale de réciprocité ou d'*échange;* liquider, d'après ce principe, toutes les dettes publiques et privées; purger toutes les hypothèques, unifier l'impôt, abolir octrois et douanes, créer le patrimoine du peuple, assurer le bon marché des produits et des loyers, déterminer les droits du travailleur, refaire l'administration corporative et communale, réduire et simplifier les attributions de l'État. Alors, continuais-je, les phénomènes économiques se produiront en mode inverse ; tandis qu'aujourd'hui le débouché manque à la production, ce sera la production qui manquera au débouché ; tandis que la richesse augmente en raison arithmétique et la population en raison géométrique, on verra ce rapport interverti, et la production aller plus vite que la population, parce que c'est une loi de notre nature morale et esthétique que plus le travail acquiert d'intensité et l'homme de perfection, moins la faculté génétique a de fécondité, etc.

J'ai fait observer, entre temps, que déjà la société est engagée, sur tous les points, dans cette donnée du progrès industriel ; qu'ainsi la définition de la propriété, d'après la constitution de 1848, est en pleine contradiction avec le Code, et au fond justifie la mienne ; que sous l'action des mêmes causes la jurisprudence tout entière tend à se rapprocher de plus en plus de l'idée de justice commutative et à déserter le tribunal civil pour le tribunal de commerce, etc., etc.

Pas une critique de ma part, pas une affirmation ou une négation qui, dans cet ordre d'idées comme dans tous les autres, ne s'explique, ne se justifie ou ne s'excuse, comme il vous plaira de dire, par la même loi. Tout ce que j'ai dit de la centralisation, de la police, de la justice, de l'association, du culte, etc., découle de là.

J'ai fait plus : afin d'écarter tout prétexte d'irritation et de haine, j'ai eu soin de distinguer dans le Progrès l'*accélération* d'avec le *mouvement*. J'ai répété à satiété que la question de vitesse devait être laissée à l'appréciation des majorités, et que je ne regardais nullement comme des adversaires, comme des ennemis du Progrès, ceux qui, admettant avec moi l'idée du mouvement et le sens de sa direction générale, différaient peut-être sur les détails et sur le temps. Devons-nous courir ou aller au pas? Affaire de pratique, qui ne regarde point le philosophe, mais l'homme d'État. Ce que j'affirme, c'est que nous ne pouvons garder le *statu quo*.

Mainte fois on m'a dit : Parlez net. Vous êtes un homme d'ordre : voulez-vous ou ne voulez-vous pas de gouvernement? Vous cherchez la justice et la liberté, et vous repoussez les théories communautaires : êtes-vous pour ou contre la propriété? Vous avez défendu, en toute circonstance, la morale et la famille : est-ce que vous n'avez point de religion?

Eh bien! je maintiens intégralement toutes mes négations sur la religion, le gouvernement et la propriété; je dis que non-seulement ces négations sont en elles-mêmes irréfutables, mais que déjà les faits les justifient ; que ce que nous voyons poindre et se développer, depuis plusieurs années, sous l'ancien nom de religion, n'est plus la même chose que ce que nous avons accoutumé d'entendre sous ce nom ; que ce qui s'agite sous la forme d'empire et de césarisme, tôt ou tard ne sera plus de l'empire, ni du césarisme, ni du gouvernement ; enfin, que ce qui se modifie et se réorganise sous la rubrique de propriété, est le contraire de la propriété.

J'ajoute, néanmoins, que je retiendrai, avec le commun, ces trois mots : *religion, gouvernement, propriété,* et cela pour des raisons dont je ne suis pas le maitre, qui tiennent à la doctrine générale du Progrès, et pour cette raison me semblent décisives : c'est, d'abord, qu'il ne m'appartient pas de créer des mots nouveaux pour des choses nouvelles et que je suis forcé de parler la langue de tout le monde ; c'est, en second lieu, qu'il n'y a pas de progrès sans tradition, et que l'ordre nouveau ayant pour antécédents immédiats la religion, le gouvernement, la propriété, il convient, pour la garantie même de l'évolution, de conserver aux institutions nouvelles leurs noms patronymiques, dans les phases de la civilisation, parce qu'il n'y a jamais de lignes tranchées, et que vouloir accomplir la révolution par un saut, ce serait s'en ôter les moyens.

Je crois inutile, avec un juge aussi éclairé que vous, monsieur, de prolonger cette exposition. J'affirme le PROGRÈS, et, comme incarnation du Progrès, la réalité de l'Homme collectif, et comme conséquence de cette réalité, une science économique : voilà mon socialisme. Rien en deçà, rien au delà.

VIII

Ce terme générique de Progrès, permettez-moi, monsieur, avant de passer outre, d'en résumer les différentes acceptions, se traduit donc pour moi, en logique, par celui de *série*, forme générale du raisonnement, lequel n'est pas autre chose, selon moi, que l'art de classer les idées et les êtres. — Si la série est réduite à deux termes en opposition essentielle, en contradiction nécessaire et réciproque, comme cela a lieu, par exemple, pour la formation des concepts, elle indique une analyse et prend le nom d'*antinomie*. Le dualisme antinomique, ramené par l'équation ou fusion des deux termes à l'unité, produit l'idée synthétique et vraie, la *synthèse*, célèbre parmi les mystiques sous le nom de *trinité* ou *triade*.

En ontologie, Progrès, c'est *groupe*, c'est-à-dire l'*être*, par opposition à toutes les chimères substantielles, causatives, animiques, atomistiques, etc.

De l'idée d'être, conçu comme groupe, je déduis, par une seule et même argumentation, cette double proposition : que le Dieu simpliste, immuable, infini, éternel, absolu, des métaphysiciens, ne devenant point, n'est pas et ne peut pas être; tandis que l'être social, groupé, organisé, perfectible, progressif, dont l'essence est de devenir toujours, est. Comparant ensuite les données de la conscience religieuse avec celles de la métaphysique et de l'économie, j'arrive à cette conclusion décisive, que l'idée de Dieu, quant à son contenu, est identique et adéquate à celle de l'Humanité, tandis que, quant à la forme, elle en est l'antagoniste.

Dans l'ordre politique, le Progrès a pour synonyme la *liberté,* c'est-à-dire la spontanéité collective et individuelle évoluant sans obstacles, par la participation graduelle des citoyens à la souveraineté et au gouvernement. Mais cette participation demeurerait à tout jamais illusoire, et le mouvement politique s'accomplirait dans un cercle invariable de révolutions sans but et de tyrannies uniformes, si la raison politique, reconnaissant enfin que le véritable objet du gouvernement est de garantir la liberté du producteur et de l'échangiste, par là d'assurer la juste distribution de la richesse, ne finissait, après avoir dégagé le contenu de l'idée politique, par en changer aussi l'organisme.

L'autorité a donc pour formule organique l'ÉCONOMIE, et le corrélatif de la liberté est l'égalité, non pas une égalité réelle et immédiate, comme l'entend le communisme, ni personnelle, comme le suppose la théorie de Rousseau, mais une égalité commutative et progressive, ce qui est d'une tout autre portée pour la Jus ice.

Admettons, en effet, pour un moment, le principe de l'égalité *à priori* des biens et des personnes. Chose singulière! la conséquence de cette prétendue égalité sera l'immobilisme, l'absolu, partant la misère. La société pourra sans doute continuer de végéter et s'agiter; elle ne progressera plus. L'espèce humaine, constituée sur une anticipation, prenant son but pour son moyen, au lieu d'être elle-même, ne serait plus qu'un analogue de certains animaux, tels que les fourmis, les castors, etc., dont les sociétés existent depuis la création, mais n'avancent point. Pour une société ainsi faite, le principe d'ordre, ou, pour mieux dire, de station, se trouverait, comme pour les sociétés fondées sur l'inégalité ou la caste, dans un pouvoir impératif, dominant toutes les volontés, se subordonnant toutes les énergies, absorbant dans sa virtualité collective toutes les spontanéités individuelles. C'est d'après ce système d'égalité absolutiste que s'organisèrent les premiers États ; c'est ainsi qu'en cédant toujours un peu sous la pression invisible de la liberté, à travers mille contradictions et mille inconséquences, ils se sont maintenus jusqu'à nos jours dans le vieil esprit de leur institut.

Mais qu'une révolution, comme celle de 89, proclame tout à coup la liberté industrielle et par ce seul mot change la notion de l'égalité : alors la civilisation ne rencontre plus d'obstacles dans sa marche, du même coup l'ancienne forme politique reste inapplicable. Avec le principe de la liberté dans le travail et de l'égalité dans l'échange, ce qui implique le consentement de l'impôt et le contrôle, l'équilibre de la société ne peut plus dépendre, en principe, du commandement du souverain, roi ou peuple ; il résulte virtuellement de la détermination synallagmatique, quotidienne, du *doit* et de l'*avoir* des sociétaires. A la centralisation gouvernementale succède donc la solidarité contractuelle ; aux constitutions de pouvoirs politiques l'organisation des forces économiques. C'est pour cela que le socialisme eut raison de dire, en 1848, que toutes les déclarations de droits et de devoirs, toutes les chartes et tous les codes promulgués antérieurement ou à promulguer dans l'avenir, se réduisaient à deux articles, le *droit au travail* et le *droit à l'échange :* le travail et l'échange sont l'alpha et l'oméga de la révolution.

Ainsi, d'un côté, la suppression des formes politiques n'est autre chose que la suppression des entraves imposées au Progrès par l'arbitraire politique; d'autre part, l'émancipation du travailleur ou l'exacte compensation des produits, est l'acte décisif et solennel par lequel l'Humanité, brisant la chaîne du privilége, entre dans la carrière sans fin de la Justice.

Fais à autrui comme tu veux qu'il te soit fait, a dit, après tous les anciens sages, l'auteur de l'Évangile, Jésus-Christ. Belle maxime, mais vague, et dont la lueur incertaine n'a pas empêché depuis trente siècles la servitude du genre humain. Car, qu'est-ce que je dois vouloir que les autres me fassent?... Tant qu'une réponse précise ne sera pas faite à cette question, la justice périclitera. La science économique met fin à cette indécision en déclarant que, pour tout citoyen valide, *le revenu doit être égal au produit.* La formule, cette fois, est catégorique et concrète; elle ne vise ni au sublime ni au sentimental; elle n'a pas plus la prétention d'étonner les doctes que de faire pâmer les caillettes. Mais trouvez-m'en une qui soit plus écrasante pour l'orgueil, plus désespérante pour la mauvaise foi, qui ôte mieux son excuse à la lâcheté et à l'envie, qui assure davantage le droit de tous en laissant plus de liberté à chacun?...

IX

En donnant à la Justice une formule plus pratique et plus précise, la théorie du progrès économique a posé le fondement de la morale.

La Morale est l'ensemble des préceptes qui ont pour objet la persévérance dans la justice. C'est, en autres termes, le système de la *justification*, l'art de se rendre saint et pur par les œuvres, c'est-à-dire encore et toujours le Progrès. *Heureux ceux qui ont le cœur pur*, est-il dit au sermon sur la montagne, *parce qu'ils* VERRONT DIEU! Ces paroles, beaucoup mieux que le précepte de charité, résument toute la loi. Elles signifient que la sainteté, l'apogée de la justice, est le fond même de la religion, et que la vision béatifique, le souverain bien des anciens philosophes, le bonheur, comme disent les socialistes modernes, en est le fruit. Voir Dieu, dans la langue des mythes, c'est avoir la conscience de sa propre vertu, c'est en jouir et par là même en recueillir le prix. Ainsi, la morale n'a de sanction qu'elle-même : elle dérogerait à sa dignité, elle serait immorale, si elle tirait d'ailleurs sa cause et sa fin. C'est pourquoi la morale a tendu de tout temps à se séparer du dogmatisme théologique, l'essence de la religion à se séparer de l'enveloppe religieuse, dont les vaines figures ne pouvaient que la compromettre. A Rome, les formules de la religion étaient toutes, comme les articles du Décalogue, des formules juridiques. A la Chine et au Japon, où toute théologie a été rejetée de bonne heure, on a conservé précieusement la pratique de la sanctification, ou culte de la pureté. Pureté ou clarté de la raison, pureté ou innocence du cœur, pureté ou santé du corps, pureté ou justice dans les actions et sincérité dans les paroles, pureté même dans la justice, c'est-à-dire, modestie dans la vertu : voilà la morale du Progrès, voilà ma religion. Elle suppose un effort continuel de la volonté sur elle-même, et comme elle admet toutes les transitions, elle convient à tous les lieux et à tous les temps. La morale, monsieur, remarquez-le bien, est la seule chose que je regarde comme absolue, non pas quant à la forme du précepte, toujours variable, mais quant à l'obligation qu'il impose : or, cet Absolu n'est encore qu'une conception transcendante, ayant pour but la perfection idéale de l'être humain, par la fidélité à la loi et au progrès.

Mais, m'allez-vous dire, qui est saint? Et si aucun homme vivant ne peut se vanter d'être saint, comment, avec la théorie du Progrès, allons-nous résoudre le problème de la destinée de l'homme? Le péché existe, et c'est une grande question parmi les sages, de savoir s'il diminue, ou si au contraire il n'étend pas, avec la civilisation elle-même, son empire. Tous les siècles ont retenti de plaintes sur la malice croissante des générations. L'orateur dénonce à la tribune la décadence du siècle : *O tempora, ô mores!* s'écrie-t-il. Et le poëte, dans sa misanthropie, chante le progrès du vice et du crime :

Ætas majorum, pejor avis, tulit
Nos nequiores, mox daturos
Progeniem vitiosiorem.

Si donc la sainteté n'existe nulle part sur terre, si la sanctification n'aboutit point parmi les mortels, le Progrès reste sans conclusion. Il faut en reporter le terme plus loin, et après avoir affranchi de l'Absolu l'humanité militante, l'y faire rentrer pour son couronnement. A quoi sert, dès lors, l'idée du Progrès, si le Progrès, de même que la chute, réclame une solution transmondaine, quelque chose comme l'immortalité ? Quelle peut être la valeur d'une théorie qui, après avoir posé le Progrès comme condition *sine quâ non* de la nature et de l'esprit, est forcée d'avouer qu'elle ne trouve à ce Progrès ni terme ni objet, qui se contredirait si elle en admettait un ?...

A cette objection, voici ma réponse.

D'abord, en ce qui concerne non plus la loi morale, désormais hors d'atteinte, mais la *moralité* humaine, je définis le Progrès une connaissance du bien et du mal, par conséquent *une imputabilité toujours croissante* (1). De telle sorte que, quelle que soit à chaque génération la proportion du délit, le *mérite* et le *démérite*, soumis à une oscillation perpétuelle, deviennent aussi toujours plus grands.

(1) Ce n'est pas la connaissance seule qui s'augmente, non plus que la moralité; le travail de la raison réagissant sur la raison, c'est aussi la raison. Nos facultés, prises dans la moyenne de leur ensemble, ne sont plus de même degré ni de même qualité qu'elles l'étaient chez nos pères : là aussi il y a mouvement.

Ceci se démontre par l'histoire.

Il est avéré, 1° que les sciences, les arts, le commerce, la politique, etc., sont en progrès continu ; 2° qu'en vertu de ce progrès les rapports juridiques se multiplient de plus en plus parmi les hommes. De ce double progrès, qui s'accomplit en dehors de la volonté, il résulte pour cette dernière, d'une part, que ses attractions passionnelles sont de plus en plus exaltées, de l'autre, que le sentiment du juste augmente en elle parallèlement. Sous ces deux points de vue, il est certain qu'une différence immense existe entre la civilisation moderne et la société primitive : de même que chez nous la sensibilité, en dépouillant ses formes brutales, est devenue plus vive, de même le respect du droit est devenu plus profond. Les honnêtes gens au dix-neuvième siècle valent mieux que ceux du temps de Scipion ou de Périclès ; par la même raison, les méchants sont devenus plus scélérats. La conformité de la volonté à la loi est donc aujourd'hui plus méritoire, sa résistance plus criminelle. C'est en cela, selon moi, que consiste le progrès de notre moralité.

De savoir maintenant si la somme des faits coupables diminue, si celle des actes vertueux augmente, c'est une question sur laquelle on peut disputer à loisir, mais dont la solution me paraît en fait impossible, et en tout cas inutile. Ce qui est vrai, c'est qu'il y a compensation à toutes les époques entre le bien et le mal, comme entre le mérite et le démérite, et que la condition la plus favorable pour la société est celle où le mouvement dans la justice s'accomplit avec la moindre oscillation, dans un équilibre qui exclut également les grands sacrifices et les grands crimes. *Et ne nos inducas in tentationem!* a dit Jésus-Christ : « Ne nous expose pas, ô Dieu, à des épreuves trop difficiles ! » On ne pouvait caractériser plus heureusement la moralité humaine et sa marche timide.

Que notre conscience, de plus en plus éclairée, acquière donc de plus en plus d'énergie : là est notre gloire, car là aussi est notre condamnation. Que l'idée du bien se réalise dans toutes nos actions, s'il est possible; que l'idée du mal reste au fond de nos cœurs, comme une puissance enchaînée : c'est tout ce que nous pouvons nous promettre. Quant à prétendre que les œuvres de la vertu devenant chaque jour plus abondantes, le principe du péché, qui n'est autre que la spontanéité de notre nature animale, s'affaiblisse, ce serait une contradiction.

Vertueux ou coupable, l'homme, en un mot, devient toujours plus homme : telle est la loi de son génie et de ses mœurs.

Mais, insistez-vous, et c'est ici la pierre d'achoppement de notre pauvre raison, quel est le terme de cette ascension dans la justice ? « J'ai fourni la course, s'écrie l'Apôtre; j'ai touché le but : où est ma récompense? » Là donc où la religion nous fait entrevoir l'immortalité, que dit le Progrès?

A cette question finale, où toute pensée se trouble, où la philosophie se confond, je suis forcé d'abréger mes paroles, et d'y laisser malgré moi quelque obscurité. Les faits sociaux, qui doivent servir à la constitution de la morale, étant encore inconnus, je ne puis argumenter de ces faits comme s'ils étaient connus : il faut que je me renferme dans de sentencieuses assertions.

L'immortalité de l'âme n'est autre chose que l'élévation de l'homme par la pensée à l'idéalité de sa nature, et la prise de possession qu'il fait de sa propre divinité.

Le front rayonnant de Moïse, l'assomption d'Élie, la transfiguration du Christ, et jusqu'à l'apothéose des Césars, sont autant de mythes qui servirent jadis à exprimer cette idéalisation.

L'art et la religion ont pour objet de nous faire travailler sans cesse, par les excitations qui leur appartiennent, à l'apothéose de nos âmes.

Ainsi la théorie du Progrès ne nous promet point l'immortalité, comme la religion; elle nous la donne, elle nous en fait jouir dès cette vie, elle nous apprend à la conquérir et à la connaitre.

Être immortel, c'est posséder Dieu en soi, dit le prophète Isaïe, ce qu'il exprime d'un seul mot, dont il fait un nom propre : *Immanuel.* Or, nous possédons Dieu par la justice.

Cette possession est de tous les temps, de tous les lieux, de toutes les conditions : il suffit, pour l'obtenir, de connaitre, de vouloir et d'exercer la justice.

La justice est donc en même temps béatitude, comme l'enseignait le Portique : sa présence fait notre fécilité, sa privation notre supplice. L'idée d'une félicité ultérieure à mériter par la justice est une illusion de notre entendement qui, au lieu de nous faire concevoir le mouvement comme une série d'ensemble, ayant sa raison en soi et son objet essentiel, s'obstine à y voir un point de *départ* et un autre *d'arrivée,* comme si la justice ainsi que la vie n'était pour nous qu'une transfrétation de notre être d'un état à un autre état. Mais c'est là une erreur palpable, qui se trouve réfutée d'avance par la théorie du mouvement et de la formation des concepts, et qui d'ailleurs constitue, ainsi que nous venons de le prouver, une offense à la morale : de même que le mouvement est l'état de la matière, de même la justice est l'état de l'humanité.

La possession de la justice est donc adéquate à la possession de Dieu, au delà de laquelle il n'y a, c'est la religion qui le déclare, plus rien pour l'homme. Reste à savoir quel est le caractère de cette possession, relativement aux conditions de l'espace et du temps.

L'espace et le temps ne sont rien par eux-mêmes : ils ne valent que par leur contenu. Si une existence, quelle que soit sa durée, s'élève jusqu'au sublime; si, par la conception de son propre idéal et sa volonté de l'exprimer, elle vient, pour ainsi dire, toucher à l'absolu : alors cette existence peut se dire consommée. Elle tombe dans l'infini : parvenue à son apogée, elle n'a plus rien à faire parmi les vivants. Il n'y a rien pour un être hors de sa plénitude, qui est sa glorification, pas plus qu'il n'y a de complément à l'univers. De même que l'insecte, au plus haut période de sa vie éphémère, vaut autant et plus que le soleil dans la splendeur de ses rayons; de même pour l'homme juste un instan d'extase vaut une éternité de paradis. Une éternité et un instant, c'est la même chose, a dit saint Augustin. Or, l'éternité ne se répète pas : et quand on a vu Dieu une fois, c'est pour jamais. La durée dans l'Absolu est une contradiction (1).

Celui-là donc qui a été illuminé de l'idée du beau, du juste et du saint; qui a admiré, qui a aimé; qui, à un moment de sa vie, concentrant l'effort de toutes ses puissances, en a senti l'exaltation ineffable : que celui-là se tranquillise, l'immortalité ne lui manque pas. IL A VÉCU : cela est plus consolant pour lui que de s'entendre dire *qu'il vivra*.

Celui, au contraire, dont le cœur rongé de vices croupit dans l'ignorance et la paresse; qui s'est fait une loi de l'iniquité; qui a mis son in-

(1) *La mort des justes*, célébrée dans l'Écriture; l'*anéantissement en Dieu*, qui fait le fond du bouddhisme, ne sont pas autre chose que cela. Le mysticisme des Gerson, des Thérèse, des François de Sales, des Fénelon, y conduit encore. L'église de Rome, en condamnant le dernier, a plutôt blâmé la révélation du secret que la corruption de la doctrine.

telligence d'homme au service de ses passions de brute : celui-là a trompé sa destinée ; il arrivera au terme, sans avoir connu l'existence. Qu'il appelle le prêtre à son lit de mort : il en a besoin. Le prêtre, par ses allégories, réussira peut-être à toucher cette âme féroce. Au dernier moment il lui inspirera une idée sublime, il lui communiquera, à son agonie, une étincelle de sens moral. Alors seulement le pécheur aura entrevu la vie, et pour peu qu'il y ait en lui de repentir, il mourra en paix (1)...

X

Je disais tout à l'heure que l'art avait pour objet, de même que le culte, de nous élever à l'immortelle béatitude par l'excitation de ses jouissances. Permettez-moi d'entrer à ce sujet dans quelques explications. C'est surtout au point de vue de l'art que le socialisme est accusé de barbarie, et le progrès de fausseté : il

(1) Les universitaires, par leur défaut de franchise, ont produit une génération de libertins; les jésuites, avec leur bigotisme, nous créent une génération d'athées. En faisant le désespoir des âmes pendant la vie, ils se ménagent le bénéfice des recommandations *in extremis*. Demandez, après cela, pourquoi le peuple a besoin de religion!

faut savoir jusqu'à quel point ce double reproche est mérité.

On nous dit : Quelle supériorité les modernes ont-ils obtenue sur les anciens, pour tout ce qui concerne les œuvres de l'art ? Aucune. Du premier bond, le génie humain, s'appliquant à la représentation du sublime et du beau, s'est élevé à une telle hauteur, qu'il lui a été depuis impossible de se surpasser. Admettons que l'idée de progrès, devenue fondamentale dans la philosophie et les sciences politiques, les régénère : de quelle utilité peut-elle être pour la peinture et la statuaire? Suffira-t-il de dire aux artistes qu'en vertu du progrès ils doivent, comme les mathématiciens, être toujours plus profonds et plus habiles, pour qu'en effet ils le deviennent ?... Que si l'expression, et par conséquent la conception du sublime et du beau faiblit ou demeure stationnaire dans l'humanité, qui osera dire que celle du bien et du vrai grandisse et se fortifie? La théorie du progrès, après avoir obtenu un triomphe plus ou moins sincère dans les questions antérieures, échoue sur la dernière, la plus séduisante et la plus impitoyable : plus malheureuse qu'Ulysse, elle est dévorée par les Sirènes ; elle ne peut rien pour la Beauté !...

Telle est l'objection, que je dissimule d'autant moins qu'à mon propre jugement, l'art, abstraction faite de la période d'apprentissage, est par nature toujours égal à lui-même, dans un niveau inférieur à ses plus grandes sublimités. En quoi donc et comment rentre-t-il dans la théorie du progrès? comment le sert-il? comment lui fournit-il sa dernière preuve? Je vais essayer de le dire.

Ce que la morale révèle à la conscience, sous la forme de préceptes, l'esthétique a pour but de le montrer aux sens sous la forme d'images. La leçon exprimée par le Verbe est impérative dans sa teneur, et se réfère à une loi absolue; la figure présentée aux sens, explicite dans sa signification, positive et réaliste dans son type, se réfère également à un absolu. Ce sont deux modes de notre éducation, à la fois sensible et intellectuelle, qui se touchent dans la conscience, ne différant entre elles que par l'organe ou la faculté qui leur sert de véhicule.

Se perfectionner par la justice ou se faire saint, en observant la loi temporelle, et en la développant dans son entière vérité, tel est le but indiqué à l'homme par la morale; — se perfectionner par l'art, ou si j'ose me servir de cette expression familière, se faire beau, en épurant sans cesse, à l'instar de notre âme, les formes qui nous entourent, tel est l'objet de l'esthétique. L'une nous enseigne la tempérance, le courage, la pudeur, la fraternité, le dévouement, le travail, la justice ; l'autre nous purifie, nous pare, nous environne de splendeur et d'élégance : n'est-ce pas toujours la même fonction, procédant du même principe, et tendant au même but? — C'est partir de bas, direz-vous, que de faire commencer l'art au bain de propreté, à la coupe des ongles et des cheveux! Il n'y a rien de petit et d'ignoble dans tout ce qui touche à l'amélioration de l'humanité. La morale n'a-t-elle pas commencé par la défense de la chair humaine et de l'amour bestial?...

Il s'agit à présent de savoir comment cette théorie de l'art a été entendue et pratiquée, et comment il convient dorénavant qu'elle le soit :

Au commencement, l'homme pose loin de lui-même son idéal ; il le concrète, le personnifie, en fait un être sublime et beau, dont il se dit l'image, et qu'il nomme Dieu. A ce moment, la religion, la morale, le culte, l'art, le merveilleux ; tout est confondu : et l'on peut prédire que tels auront été conçus les dieux, tels seront plus tard les artistes et les poëtes. Chez les Grecs, les premières images taillées furent celles des personnes divines ; la première poésie chantée, c'est la religion qui l'inspira. Les dieux étaient beaux, d'une beauté achevée; leurs images durent donc être belles, et tous les efforts des sculpteurs tendirent à leur donner une perfection typique, qui, à force de se rapprocher de la divinité, finit par n'avoir plus rien de l'homme. Le culte et l'art s'identifièrent au point que pendant un temps on ne fit de statues que pour les dieux; c'eût été presque un sacrilége de faire partager à de laids mortels les honneurs réservés aux éternelles beautés. Tout le reste fut traité en conséquence. La poésie fut appelée la langue des dieux; jusqu'au dernier jour, les oracles se rendirent en vers : parler en prose, c'est-à-dire en langue profane, dans les temples, cela eût été d'une insigne inconvenance.

La théorie de l'art chez les Grecs découla donc tout entière de la religion. Elle s'imposa à leurs successeurs; elle a régné jusqu'à nos jours. L'artiste, d'après cette théorie religieuse, recherchait en tout LE PLUS BEAU, au risque de sortir de la nature et de manquer à la réalité. Son but, ainsi que l'a exprimé Raphael, était de faire les choses, non pas telles que les produit la nature, mais comme elle devrait et ne sait ni ne peut les produire. Il ne lui suffisait pas de révéler, par son œuvre, la pensée de l'Absolu, il tendait à la reproduire, à la réaliser. C'est ainsi que l'imagination toujours tendue vers leur idéal, les Grecs arrivèrent, dans l'expression du beau, à un point qu'on n'a jamais égalé, que peut-être on n'égalera plus. Il faudrait, pour égaler et surpasser les Grecs, qu'à leur exemple nous crussions aux dieux, que nous y crussions davantage : or, c'est là qu'est l'impossible.

Le peuple partageait les idées et le sentiment des artistes : c'est ce qui explique comment, dans cette société profondément *idolâtrique*, amoureuse de la forme par principe de religion, tout le monde, en matière de littérature et d'art, était compétent. La religion imprimant aux esprits la même direction, aux caractères la même physionomie, le sentiment esthétique se développait à l'unisson, et tandis que parmi nous la littérature, la musique et tous les autres arts sont un objet perpétuel de contradiction, chez les Grecs c'était des choses de goût que l'on disputait le moins. Jamais la démocratie ne se montra plus souveraine, et le jugement populaire plus incorruptible. Les Athéniens n'avaient que faire de consulter sur la beauté des statues et des temples les philosophes de l'Académie, les aristarques de feuilleton ; ils s'y connaissaient, pour ainsi dire, de naissance, comme en combats et en festins. Les chefs-d'œuvre de Phidias, ceux de Sophocle et d'Aristophane étaient reçus, sans commission et sans jury, en pleine assemblée du peuple, qui ayant appris à lire dans Homère, parlant sa langue mieux qu'Euripide, n'aurait pas souffert qu'un directeur des beaux-arts, à la nomition d'Aspasie, lui choisit ses déesses et ses courtisanes.

S'ensuit-il que les Grecs et leurs imitateurs aient rempli le but de l'art, au point que, désespérant de les égaler, il ne nous reste qu'à les copier et les traduire, à peine d'une décadence continue et inévitable?

Je suis si loin de le penser, que j'accuse précisément les Grecs, à force de rechercher l'idéal, d'en avoir amoindri l'emploi et méconnu le rôle, et que je fais remonter jusqu'à eux la cause de cette anarchie antiesthétique qui désole notre civilisation, supérieure sous tant de rapports.

Même dans la production du beau, la tendance à l'Absolu conduit à l'exclusion, à l'uniformité, à l'immobilisme. De là à l'ennui, au dégoût, finalement à la dissolution, la pente est irrésistible.

Les dieux et les héros, les déesses et les nymphes, les pompes sacrées et les scènes de batailles, une fois figurées, rendues avec leurs types célestes et leurs physionomies homériques, tout était fini pour l'artiste grec : il ne pouvait que se répéter. Il avait idéalisé dans ses dieux les âges, les sexes, toutes les conditions de l'humanité : le jeune homme, la vierge, le guerrier, la mère, le prêtre, le chantre, l'athlète, le roi, tout le monde avait son idole, comme on disait au moyen âge, son saint. Que pouvait-on exiger encore? Il n'y avait plus qu'un degré à franchir ; c'était que, par un dernier effort d'idéalisation, l'artiste ramenât ces divines effigies à une forme suprême, à peu près comme le philosophe opérait la réduction des attributs divins, faisait de toutes les personnalités immortelles un sujet invisible, insondable, éternel, infini, absolu. Mais un pareil chef-d'œuvre était tout bonnement une chimère : c'eût été tomber dans l'allégorie, dans le néant. Un Dieu infini et unique, l'Absolu, en un mot, ne se représente pas : rien de ce qui est au ciel, sur la terre, ou dans la mer ne saurait le figurer, dit l'Hébreu Moïse. Au point de vue de l'art, l'unité de Dieu est la destruction du beau et de l'idéal : c'est l'athéisme.

Ainsi, la théorie de l'art, telle que la conçurent les Grecs, mène, d'idéalité en idéalité, c'est-à-dire d'abstraction en abstraction, droit à l'absurde : elle ne s'y dérobe que par l'inconséquence. Combien eût été surpris le philosophe de l'idéal, Platon, si on lui eût démontré, par raisonnements socratiques, que toute sa philosophie reposait sur l'une ou l'autre de ces deux négations, la négation de Dieu ou la négation de la Beauté!

Divin Platon, ces dieux que tu rêves n'existent pas. Il n'y a rien au monde de plus grand et de plus beau que l'homme.

Mais l'homme, sortant des mains de la nature, est misérable et laid ; il ne devient sublime et beau que par la *gymnastique*, la *politique*, la *philosophie*, la *musique*, et surtout, chose dont tu ne parais guère te douter, l'*ascétique* (1).

Qu'est-ce que le beau ? Tu l'as dit toi-même : c'est la forme pure, l'idée typique du vrai. L'i-

(1) Par *ascétique*, il faut entendre ici l'exercice industriel, ou le TRAVAIL, réputé servile et ignoble chez les anciens.

idée, en tant qu'idée, n'existe que dans l'entendement ; elle est représentée, réalisée avec plus ou moins de fidélité et de perfection par la nature et l'art.

L'art c'est l'humanité.

Tous tant que nous vivons nous sommes artistes, et notre métier à tous est d'élever en nos personnes, dans nos corps et dans nos âmes, une statue à la Beauté. Notre modèle est en nous-mêmes ; ces dieux de marbre et de bronze que le vulgaire adore, n'en sont que des étalons.

La *gymnastique* comprend la danse, l'escrime, la lutte, la course, l'équitation, et tous les exercices du corps. Elle développe les muscles, augmente la souplesse, l'agilité et la force, donne la grâce, prévient l'embonpoint et les maladies.

La *politique* embrasse le droit civil, le droit public et le droit des gens ; l'administration, la législation, la diplomatie et la guerre. C'est elle qui, tirant l'homme de la barbarie, lui donne la vraie liberté, le courage et la dignité.

La *philosophie* enseigne la logique, la morale, l'histoire : c'est le chemin de la science, le miroir de la vertu, l'antidote de la superstition.

La *musique*, ou le culte des muses, a pour

objet la poésie, l'éloquence, le chant, le jeu des instruments, les arts plastiques, la peinture et l'architecture.

Son but n'est point, comme tu le supposes, ô sage Platon, de chanter des hymnes aux dieux, de leur élever des temples, de leur ériger des statues, de leur faire des sacrifices et des processions. C'est de travailler à la déification des hommes, tantôt par la célébration de leurs vertus et de leurs beautés, tantôt par l'exécration de leurs laideurs et de leurs crimes.

Il faut donc que le statuaire, que le peintre, de même que le chanteur, parcoure un vaste diapason, qu'il montre la beauté tour à tour lumineuse ou assombrie, dans toute l'étendue de l'échelle sociale, depuis l'esclave jusqu'au prince, depuis la plèbe jusqu'au sénat. Vous n'avez su peindre que des dieux : il faut représenter aussi des démons. L'image du vice, comme de la vertu, est aussi bien du domaine de la peinture que de la poésie : suivant la leçon que l'artiste veut donner, toute figure, belle ou laide, peut remplir le but de l'art.

Que le peuple, se reconnaissant à sa misère, apprenne à rougir de sa lâcheté et à détester ses tyrans ; que l'aristocratie, exposée dans sa grasse et obscène nudité, reçoive sur chacun de ses muscles la flagellation de son parasitisme, de son insolence et de ses corruptions (1). Que le magistrat, le militaire, le marchand, le paysan, que toutes les conditions de la société, se voyant tour à tour dans l'idéalisme de leur dignité et de leur bassesse, apprennent, par la gloire et par la honte, à rectifier leurs idées, à corriger leurs mœurs, et à perfectionner leur institution. Et que chaque génération, déposant ainsi sur la toile et le marbre le secret de son génie, arrive à la postérité sans autre blâme ni apologie que les œuvres de ses artistes.

C'est ainsi que l'art doit participer au mouvement de la société, le provoquer et le suivre.

Et c'est pour avoir méconnu cette destination de l'art, pour l'avoir réduit à n'être que l'expression d'une idéalité chimérique, que la Grèce, élevée par la fiction, perdra l'intelligence des choses et le sceptre des idées.

(1) Notre public conservateur n'est pas de cet avis. Il ne lui suffit pas qu'on l'appelle *honnête* et *modéré*; il veut qu'on le fasse beau et qu'on le croie tel. Un artiste, qui dans la pratique de son atelier suivrait les principes d'esthétique ici formulés, serait traité de séditieux, chassé du concours, privé des commandes de l'État, et condamné à mourir de faim.

Un temps viendra, ô Platon, où le Grec ayant mis en ses dieux toute beauté, s'en trouvera totalement dépourvu, et en perdra jusqu'au sentiment. Une triste et grossière superstition s'emparant alors des esprits, on verra les descendants de ceux qui jadis adorèrent des divinités si belles, se prosterner devant un dieu chenu et difforme, couvert de haillons, type de misère et d'ignominie (1); on les verra, par amour de cette idole, prendre la beauté en haine; se faire ignoble et laid par principe de religion. Les pieux, les saints, se reconnaîtront à la crasse et à la vermine. Au lieu de la poésie et des arts, inventions de péché, ils pratiqueront le dénûment, se feront une gloire de la mendicité. Gymnases, écoles, bibliothèques, théâtres, académies, œuvres et pompes de Satan, seront dévastés et livrés aux flammes : l'image d'un supplicié pendu au gibet sera pour les femmes le plus précieux des bijoux. Se couvrir de cendre, se macérer d'abstinences, s'épuiser en oraisons, fuir l'étude comme profane et l'amour comme impur, c'est ce qu'ils appel-

(1) Les Gres, convertis au christianisme, représentent l'Homme-Dieu vieux, maigre, souffrant et laid, conformément au texte d'Isaïe, ch. 53.

leront exercice (*ascétisme*) de piété et de pénitence.

Et cette religion, cette liturgie, ces mystères, ô Platon, ce sera la religion du *Logos;* et au nom de ce *Logos,* la raison sera détestée, la beauté maudite, l'art frappé d'anathème, la philosophie et les philosophes jetés aux flammes, et voués aux dieux infernaux.

L'Humanité alors, courbée dans une superstition infamante, et se croyant elle-même infâme et déchue, sera frappée d'une dégradation systématique et fatale. Plus d'idéal, ni dans l'homme, ni hors de l'homme : dès lors plus de poésie, plus d'éloquence, plus d'art, surtout plus de science. Autant, avec le culte de ses premiers dieux, la Grèce s'était élevée, autant, sous le joug de son nouveau Seigneur, elle s'abaissera. Car l'homme ne s'élève dans la raison et la vertu, qu'attiré par la beauté : et cette beauté, qui doit faire sa joie et son triomphe, sa foi consistera à la nier. Un Dieu absolu et inexprimable, manifesté sous une incarnation chétive et déshonorée ; l'homme déclaré impur, difforme et méchant de naissance : quelle esthétique encore une fois, quelle civilisation pourrait sortir de cet horrible dogme ?

Cependant la décadence ne sera pas éternelle.

Ces hommes dégénérés auront appris deux choses, qui les rendront un jour plus grands et meilleurs que leurs pères : la première est que devant Dieu tous les hommes sont égaux; conséquemment que de par la nature et la Providence il n'y a pas d'esclaves; la seconde, c'est que leur devoir et leur honneur à tous est de travailler.

Ce que ni la gymnastique, ni la politique, ni la musique, ni la philosophie, réunissant leurs efforts, n'auront su faire, le *Travail* l'accomplira. Comme dans les âges antiques l'initiation à la beauté arriva par les dieux, ainsi, dans une postérité reculée, la beauté se révélera de nouveau par le travailleur, le véritable *ascète*, et c'est aux innombrables formes de l'industrie qu'elle demandera son expression changeante, toujours nouvelle et toujours vraie. Alors, enfin, le *Logos* sera manifesté, et les laborieux humains, plus beaux et plus libres que ne furent jamais les Grecs, sans nobles et sans esclaves, sans magistrats et sans prêtres, ne formeront tous ensemble, sur la terre cultivée, qu'une famille de héros, de savants et d'artistes (1).

(1) Il n'y a pour l'art, et il ne peut y avoir réellement que

XI

Ainsi, monsieur, il me suffit d'une seule notion, la notion du Progrès, rétablie à son rang sur le clavier intellectuel, pour rendre raison de mes doctrines, et réformer de fond en

deux époques : l'époque religieuse ou idolâtrie, dont la Grèce fournit la plus haute expression, et l'époque industrielle ou humanitaire, qui semble à peine commencer.

Le siècle d'Auguste ne fut qu'une continuation de celui de Périclès : l'art, passant du service des dieux à celui des conquérants, commença de décliner, non pas quant au fini de l'exécution, mais quant à la conception de la beauté. Quels modèles que les empereurs, les patriciens et leurs femmes ! quels types que cette plèbe fainéante et féroce, ces gladiateurs et ces prétoriens !

La renaissance ne fut à son tour, comme son nom l'indique, qu'un pastiche. Il n'y a point, il n'y eut jamais d'art chrétien. L'antiquité ayant été tout à coup exhumée, on quitta les christs décharnés, les madones anguleuses et blêmes pour les Jupiter, les Apollon et les Vénus : les artistes de Jules II et de Léon X n'eurent pas d'autre inspiration. Aussi, ce mouvement d'un art factice, à contre-poil de la tradition, et sans intelligence possible de l'avenir, ne pouvait se soutenir : affaire de luxe et de curiosité. Comme on ne croyait plus guère à Jésus et à la Vierge, et qu'aujourd'hui on n'y croit plus du tout, on devait bientôt se désintéresser de leurs images ; et ce carnaval catholique passé, l'art se retrouvait en plein vide, sans principe, sans objet et sans but.

Le siècle de Louis XIV a été pour nous ce que celui de Léon X avait été pour l'Italie, un exercice *classique* ; le nom lui en est

comble tout ce que l'éducation classique, domestique et religieuse nous fait considérer comme indubitable, définitif et sacré. De tout ce que nous avons appris, vous et moi, au Col-

resté. Il a passé vite; et plus nous le voyons s'éloigner, plus il nous apparaît au-dessous de sa réputation.

A présent, le monde des lettres et des arts est, comme le monde politique, livré à la dissolution. Nous avons eu successivement, sous Louis XIV, la dispute des anciens et des modernes; sous Louis XV, celle des Piccinistes et des Gluckistes; sous la restauration, celle des classiques et des romantiques; en même temps, les luttes de la foi et de la raison, de l'autorité et de la liberté, les controverses économiques et constitutionnelles. Depuis soixante-quatre ans, il y a eu dans le gouvernement français douze révolutions et seize coups d'État, exécutés tantôt par le pouvoir, tantôt par le peuple. Cela ne témoigne pas assurément d'un grand génie politique. Que peuvent être, à côté de cette anarchie, la littérature et les arts?

En 93, nous étions encore *sensibles;* aujourd'hui nous ne sommes plus que sensuels. J'ai entendu faire cette définition de la femme. La femme, vous dit une jeunesse blasée, sans appétit comme sans cœur, est un objet d'art. Aussi, la peinture et la statuaire ne sont-elles plus que des spécialités, dans la pornocratie du jour. Mais l'artiste a beau faire : il ne peut lutter contre le modèle, le *tableau vivant!* La femme un objet d'art! Ce n'est pas le socialisme qui a trouvé cela... Je voudrais, pour notre plus prompte régénération, que musées, cathédrales, palais, salons, boudoirs avec tout leur mobilier ancien et moderne, fût jeté aux flammes, avec défense aux artistes, pendant cinquante ans, de s'occuper de leur art. Le passé oublié, nous ferions quelque chose.

lége, à l'Église, à l'Académie, au Palais, à la Bourse, à l'Assemblée nationale, il ne subsiste rien, dès qu'on l'examine à la lumière de cette notion inéluctable, antérieure à toute autre, et par cela même moins sentie, moins aperçue, le mouvement, le Progrès.

Que si maintenant, après avoir à l'aide de cette notion purgé mon cerveau, refait mon jugement, renouvelé mon âme, je regarde autour de moi, et je considère les figures qui m'environnent, je ne découvre plus dans les autres hommes, hier mes homologues, que des contradicteurs, je dirai presque des ennemis. Ici, monsieur, vous aurez à rendre compte de cette allure belliqueuse, agressive, que plusieurs m'ont reprochée, mais dont je n'ai pas toujours eu conscience, et qui tenait uniquement à ce que mes adversaires et moi, pénétrés que nous étions d'idées différentes, nous ne pouvions plus nous entendre. On l'avait dit longtemps avant que j'eusse écrit une seule ligne : Il n'y a dans la société que deux partis, le parti du mouvement et le parti de la résistance, les progressistes et les absolutistes. Et cependant, combien peu connaissez-vous des premiers! combien, au contraire, ne connaissez-vous pas des seconds!

Absolutistes en première ligne, les faux sceptiques qui, méconnaissant la loi du mouvement intellectuel et le caractère essentiellement historique de la vérité, ne savent voir dans les opinions humaines qu'un amas d'incertitudes, accusent sans cesse la philosophie de contradiction et la société d'inconséquence, et de l'impossibilité prétendue de découvrir la vérité et de la faire accepter aux hommes, concluant indifféremment, les uns au laisser-faire, et les autres au bon plaisir, ne connaissent de séditieux et de coupable que la discussion et la liberté! Comme si la vérité, en philosophie et en politique, pouvait être autre chose que la chaîne des aperçus de la raison, et que cette chaîne, alors même que nous parviendrions à l'embrasser par l'esprit, pût se réaliser ailleurs que dans le temps et la série des institutions! Comme si l'œuvre du philosophe et du réformateur, après avoir reconnu la progression des idées, ne consistait pas uniquement à signaler tour à tour les divers moments de la loi, à poser chaque jour un nouveau jalon sur la grande route de l'Humanité!... Pascal, qui se scandalisait si fort de ce qu'un degré du méridien fît varier la formule du droit, et qui eût voulu rendre la raison juridique uniforme des deux côtés des Pyrénées; Pascal, bien plus que Pyrrhon, trop calomnié, était le type de ces absolutistes.

Absolutistes, à plus forte raison, ceux qui, impatients de cette mobilité perpétuelle, veulent arrêter la civilisation dans un système, la logique dans une formule, le droit dans un plébiscite; qui, prenant des conceptions pour des *principes,* prétendent rattacher exclusivement à ces principes toute l'activité humaine, et, hors de leurs fantaisies passionnelles, hiérarchiques, dualistes, trinitaires et communautaires, n'aperçoivent plus nulle part ni société, ni morale, ni sens commun. Comme si chaque affirmation du philosophe ne soulevait pas une négation équivalente; comme si chaque décret du souverain, abrogeant le décret antérieur, ne posait pas d'avance le décret qui l'abrogera!...

Absolutistes, ces prétendus politiques qui imposent à la société, comme un joug, leurs inflexibles axiomes, et lui ordonnent d'obéir, quoi qu'il en coûte, sans tenir plus de compte de la marche des idées que du retard des populations. Rien de plus ordinaire, en effet, qu'une société qui, au moment même où elle sollicite certaines réformes, est en arrière de l'institution qu'il s'agit d'abolir. C'est alors que les rigoristes deviennent aussi redoutables pour elle que les rétrogrades.

L'unité et la perpétuité du pouvoir, dit l'un, est la première des lois sociales. Point de salut hors de la monarchie légitime !

Les rois sont faits pour les peuples, répond l'autre, non les peuples pour les rois. Point de salut hors de la monarchie constitutionnelle.

Tous raisonnent de même : Point de salut hors de la prorogation du Président, ajoute celui-ci. Point de salut hors de la constitution, réplique celui-là. Qu'il tombe de cette constitution ou qu'on y ajoute un accent, tout est perdu !

D'autres, pleins de leurs théories sur la souveraineté, s'écrient : Les intérêts seuls règnent et gouvernent. Point de salut hors de la loi du 31 mai ! s'il y a plus de sept millions d'électeurs, dussent-ils voter le servage et le droit d'aînesse, tout est perdu ! — A quoi la réponse ne se fait pas attendre : Le droit électoral est un droit naturel et inaliénable. Point de salut hors de la loi de mars 1849 ! s'il y a moins de dix millions d'inscrits, dussent-ils voter la communauté ou l'empire, tout est perdu !...

Voilà les contradictions de l'absolutisme !

Voilà à quelles disputes consument leurs journées les sept cent cinquante mandataires que le peuple a choisis pour veiller au maintien de la paix, régler et transiger amiablement, à la satisfaction du plus grand nombre, sinon de tous, les intérêts généraux, organiser, par un système de concessions et de réformes, la pratique de la liberté! Le peuple ignare est acculé par ses représentants à la guerre civile! Malheur à nous s'il est sauvé par quelqu'un! malheur s'il vient à se sauver lui-même!...

Absolutistes, enfin, ceux qui, tout en affirmant d'une manière générale la loi du Progrès et la nécessité des transitions, ne savent point en calculer la marche, abusent des mots et des idées pour donner le change aux esprits, et tour à tour endormant l'opinion dans leurs moyens termes intéressés, ou surexcitant la fougue populaire, tantôt se plaignent que le siècle est au-dessous de leur génie, tantôt le précipitent au gré de leur impatience, et par l'impuissance de leur direction, le conduisent aux abîmes.

C'est ainsi que la littérature romantique, révolutionnaire quant à la forme, n'a donné en fin de compte qu'un résultat rétrograde. Il pouvait être utile de tirer de l'oubli la poésie du moyen âge, de rendre une part d'estime à l'architecture des donjons et des cathédrales : mais en reprenant la féodalité pour élément littéraire, les romantiques ont annulé, autant qu'ils l'ont pu, le mouvement philosophique du dix-huitième siècle, et rendu le dix-neuvième inintelligible. Nous leur devons la meilleure part de la réaction qui a accueilli la république.

Ainsi l'éclectisme, si honnête dans ses intentions, si impartial dans sa critique, mais si timide dans ses vues, si jaloux de sa nullité, après avoir donné une vive impulsion aux études, a fini par l'intolérance. Avec sa psychologie empruntée des Écossais, avec son théisme renouvelé de Platon, il s'était fait le cordon sanitaire du *statu quo*. Le catholicisme lui doit la prolongation de son existence, et le paie en l'éliminant : n'est-ce pas justice ?

Ainsi, depuis 1830, alors que la publication des théories de Saint-Simon, Fourier, Owen, la résurrection des idées de Babœuf, posaient avec tant de force la question sociale, la vraie question du siècle, nous avons été distraits, dévoyés, trompés par le faux libéralisme démocratique et doctrinaire. Sous prétexte de fidélité aux traditions de 89 et 93, on a jeté autant qu'on l'a pu le discrédit sur les théories socialistes; au lieu d'aider à l'investigation, on l'a supprimée. Sans doute il fallait réhabiliter, venger les hommes de la grande époque; le progrès de notre génération s'accélérait de toute la justice qui leur était rendue. Mais fallait-il les prendre pour modèles, nous imposer leur pratique et leurs préjugés? En ce moment, c'est le socialisme que des coteries soi-disant révolutionnaires, et qui sont tout au plus insurrectionnelles, accusent de tout le mal fait depuis 1848 à la révolution. Si le socialisme, disent-elles, c'est-à-dire si la révolution n'existait pas, la révolution n'aurait pas amené la contre-révolution!... Aussi, ne vous y trompez pas, cette vieille démocratie n'aspire-t-elle qu'à sauver une dernière fois la société du socialisme, et regrette de ne l'avoir pas, en 1848, mieux sauvée. Grâce à cette distinction absurde entre le parti socialiste et le parti révolutionnaire, une poignée de dictateurs a juré, dit-on, dans son zèle patriotique, l'extermination du socialisme, la suppression du Progrès! Savez-vous où nous pousse cet aveuglement des néo-jacobins? A une réaction sans limite, dont ils ne seraient pas les héros, mais les victimes, mais dont aussi, pour comble de misère, ils n'auraient pas le droit de se plaindre, parce qu'ils en auraient été les complices (1)...

(1) Je laisse subsister ce passage, non pour insulter à des infortunes que je partageais lorsqu'il a été écrit, mais pour répondre à d'infatigables calomnies.

Ce qu'il y a surtout d'affligeant dans le coup d'État du 2 décembre, c'est que les hommes qu'il a le plus cruellement frappés sont justement ceux qui paraissent le comprendre le le moins. On ne veut voir que l'instrument, l'occasion, le prétexte, si j'ose ainsi dire les *ficelles* ; on se refuse obstinément à reconnaître les causes. Les causes, c'est la terreur causée par une révolution dont le caractère, la mesure et la fin étaient dénaturés ; c'est la direction rétrograde de l'opinion, la résistance obstinée des partis, le machiavélisme de la législative, la division des républicains, dont les uns, *en majorité*, voulaient la république sans la révolution, ou la révolution sans le socialisme, le mot sans la chose, et les autres étaient forcés de protester, à peine de suicide, contre cette politique absurde ; c'est par-dessus tout l'appel fait aux instincts populaires, dans les circonstances les plus malheureuses, sous le nom de *suffrage universel*. Pour moi, je l'avoue, si quelque chose m'inquiète pour la liberté, si parfois je me prends à douter de l'avenir de la démocratie, c'est de voir ses défenseurs, martyrs d'une vaine formule, accuser avec fureur la révolution sociale, devenir indifférents aux idées, ne pas comprendre que cette multiplication des théories socialistes est justement ce qui en fait la force, quelques-uns se rallier à l'orléanisme, honte!... ou se repaître de projets chimériques, aussitôt dénoncés que conçus! Qu'ils se réveillent enfin!... Le jour où ils abandonneront leurs funestes routines, ce jour là la liberté ne sera pas loin : il n'y aura d'abattu en France qu'un préjugé.

Progrès, c'est savoir, c'est prévoir. Ceux qui en 1848 furent chargés de réaliser le progrès étaient tous, à différents titres, des hommes de *la veille :* est-il surprenant qu'ils n'aient pas su ce qu'il y avait à faire le lendemain? Convaincus aujourd'hui, par leurs propres aveux, de n'avoir vu dans la révolution qu'un changement de fonctionnaires, ils ont encouru une déchéance fatale. Toute tentative de retour, que ne justifierait point une conversion explicite, de leur part serait un crime.

Liberté, c'est richesse, c'est noblesse. On a jeté le droit électoral à des *meurt-de-faim,* comme disait Bridaine; il ont répondu en esclaves. Quoi d'étonnant? Que le prolétariat vote en 52, comme il a fait en 48, à jeun, et bientôt nous serons tous en servitude, et la démocratie française, réfutée par son propre principe, sans drapeau, sans programme, aura cessé pour un temps d'être une vérité.

Forcé en 1848 de combattre pour ma défense et pour l'affirmation révolutionnaire, j'ai reconnu bientôt, à l'irritation que soulevaient dans le parti démocratique les idées nouvelles, que le moment n'était pas venu; et j'ai fait tous mes efforts pour dissimuler un antagonisme désormais sans but, et opérer entre les classes travailleuses et bourgeoises une réconciliation nécessaire. Je crois en cela avoir fait acte de bonne politique, surtout de progrès. Quand les partis se montrent unanimement réfractaires, il ne reste pour les révolutionner qu'un moyen, la fusion...

Vous avez, monsieur, ma profession de foi. Je ne l'avais jamais écrite; j'avoue même que j'y ai rarement réfléchi. Porté par le flot de mon siècle, j'allais devant moi sans me retourner jamais, affirmant le mouvement, cherchant l'intégralité de mes idées, niant les conceptions analytiques, soutenant l'identité de l'ontologie et de la logique, mettant la liberté au-dessus même de la religion (1), plaidant au nom de la justice la cause du salarié et du pauvre, défendant l'égalité, ou plutôt l'équation progressive des fonctions et des destinées; du reste,

(1) Un voltairien qui avait grand'peur du diable, le prince de Ligne, disait il y a cinquante ans : « L'athéisme vit à l'ombre » de la religion. » — Depuis, les choses ont marché, et les rôles sont intervertis : la religion vit à l'ombre de l'État. Or, demandez à M. Odilon Barrot quelle est la doctrine de l'État en matière de foi? Sa réponse, mieux que tout ce que je pourrais dire, vous démontrera l'urgence d'un principe qui puisse servir à la fois de fondement à la religion, c'est-à-dire à la morale, et à l'État.

croyant peu au désintéressement, ayant malgré ma prison le martyre en médiocre estime ; songeant que l'amitié est fragile, la raison vacillante, la conscience douteuse; et regardant la charité, la fraternité, le travail attrayant, l'émancipation de la femme, le gouvernement légitime, le droit divin, le parfait amour et le bonheur, comme des travestissements de l'Absolu.

Si quelque part, à mon insu, par l'emportement de la polémique, la mauvaise foi de l'esprit de parti, ou toute autre cause, j'ai été infidèle à cette doctrine : c'est de ma part un *lapsus calami,* un argument *ad hominem,* une défaillance d'esprit ou de cœur, que je désavoue et rétracte.

Cette humilité philosophique, du reste, ne me coûte guère. L'idée de Progrès est si universelle, si flexible, si féconde, que celui qui l'a prise pour boussole n'a presque plus besoin de savoir si ses propositions forment ou non un corps de doctrine : l'accord entre elles, le système existe, par cela seul qu'elles sont en progrès. Montrez-moi une philosophie où une pareille sécurité se rencontre!... Je ne relis jamais mes ouvrages, et ceux que j'ai composés les premiers, je les ai oubliés. Qu'importe, si je marchais il y a douze ans, et si aujourd'hui j'avance encore? Que peuvent faire à la rectitude de ma foi, à la bonté de ma cause, quelques écarts, quelques faux pas?... Vous me ferez plaisir, monsieur, de m'apprendre vous-même quel chemin j'ai parcouru, et combien de fois je suis tombé dans la route. Loin que je rougisse de tant de chutes, vraiment, je serais tenté de m'en vanter, et de mesurer ma vaillance d'après le nombre de mes contusions.

Je suis, monsieur, etc.

SECONDE LETTRE.

DE LA CERTITUDE ET DE SON CRITERIUM.

Sainte-Pélagie, 1er décembre 1831.

Monsieur,

La question que vous me posez dans votre seconde lettre est on ne peut plus judicieuse ; et si je ne l'ai pas touchée d'abord, c'est qu'elle me semblait rentrer dans le cercle des preuves et justifications que j'aurai à fournir ultérieurement, non dans l'exposé général que je devais vous faire. Puisque vous le demandez, je ne puis plus me refuser à votre désir, et je vais tâcher de m'expliquer sur cette matière difficile, si je puis, clairement.

Le problème de la certitude est bien certainement du domaine de la philosophie : aussi la théorie du Progrès l'admet-elle, et seule à mon avis peut le résoudre d'une manière qui satisfasse. Mais autre chose est la certitude, et autre chose ce que les Grecs ont appelé κριτήριον *criterium*, de certitude. La certitude est, comme je viens de le dire, de droit rationnel et philosophique ; le prétendu *criterium* n'est qu'une importation de la théologie, un préjugé de la foi religieuse dépourvu de sens dans les limites de la raison, et qui même, au point de vue du mouvement intellectuel, qui constitue la raison, est une hypothèse contradictoire.

Mais, direz-vous, comment concevoir une certitude sans critérium ? et si la certitude ne se peut concevoir sans critérium, comment, sans ce moyen de discernement et de garantie, la science est-elle possible ? comment, en matière de certitude, la foi serait-elle plus avantagée que la raison ? C'est justement le contraire qu'on a supposé de tout temps ; c'est même en vertu de cette supposition que la philosophie existe, et s'oppose à la foi. La négation du critérium, en philosophie, est tout ce que l'on peut imaginer de plus étrange...

J'espère, monsieur, que cette négation vous semblera tout à l'heure ce qu'il y a de plus naturel, et que vous y verrez avec moi, non plus la condamnation, mais la gloire de la science.

I

Saint Paul l'a dit : La foi est l'argument des choses qui n'apparaissent point, c'est-à-dire qui sont dépourvues d'évidence ou de certitude intuitive, *argumentum non apparentium*. Or, les choses qui *n'apparaissent point* forment la majeure partie des objets dont s'occupe l'esprit et la conscience de l'homme : d'où il résulte, suivant l'Apôtre, que nous ne savons rien, ou presque rien, des choses de l'univers et de l'humanité, que par la foi. C'est ainsi que la foi est devenue pour l'esprit humain un critérium.

Toutes les sociétés sont parties de là ; et chose qui vous surprendra peut-être, c'est qu'à notre époque de discussion et de doute, la masse, et dans cette masse je comprends l'Université et l'État, n'a pas d'autre règle. Dans les questions douteuses, et toutes les questions de pratique sont de cette espèce, la plupart des hommes ne connaissent que la foi. S'ils suivent la raison, c'est à leur insu ; car je le répète, ils ne conçoivent pas la raison sans un décret, la philosophie sans un critérium.

Expliquons cela.

Le chrétien croit que Jésus-Christ est le fils de Dieu, envoyé sur terre et né d'une vierge pour enseigner aux hommes les vérités nécessaires à l'ordre politique, à la société domestique, et au salut personnel.

Il croit que ce Christ a transmis ses pouvoirs à son Église, qu'il est avec elle en permanence par l'Esprit qu'il lui communique, et qu'en vertu de cette révélation continue, l'Église règle, avec une autorité infaillible, le culte et les mœurs.

Muni de cette foi, le chrétien possède, ou croit posséder, pour toutes les questions, non-seulement de théologie, mais de politique et de morale qui ne relèvent pas directement du sens commun, un instrument de contrôle qui le dispense de réfléchir et même de penser, et dont l'usage est on ne peut plus facile. Il ne s'agit que de comparer les questions controversées, soit avec les paroles du Christ rapportées dans les évangiles, soit avec l'interprétation ecclésiastique. dont la valeur pour le chrétien est égale.

Toute proposition que confirme l'Évangile ou qu'approuve l'Église est vraie ;

Toute proposition que dément l'Évangile ou que condamne l'Église est fausse ;

Toute proposition sur laquelle ne se prononcent ni l'Évangile ni l'Église est indifférente.

La parole messiaque et la définition canonique, voilà, pour le chrétien, la vérité absolue, de laquelle toute autre vérité émane. Voilà, par conséquent, le critérium.

Il est évident qu'un pareil procédé judiciaire n'est autre chose que la tyrannie des intelligences. Aussi tous les gouvernements, constitués sur le type divin de l'Église, se sont-ils empressés de l'imiter. Mais la raison proteste : Cela est dur, disaient en présence de Jésus-Christ même les apôtres, *Durus est hic sermo !* Car enfin, l'Evangile n'a pas tout dit, tout prévu ; quant à l'Eglise, elle a tant de fois et si scandaleusement failli ! Et que serait-ce, si je montrais tout à l'heure que le soi-disant critérium n'a jamais servi à discerner une vérité, à rendre un seul jugement !...

Toutefois, au lieu de révoquer en doute le critérium chrétien, on a pensé d'abord à le rendre plus universel et plus exact. Corriger le critérium de la vérité, cela pouvait passer pour une bonne folie : mais quoi! il n'y avait pas moyen de faire autrement. Aussi bien ne voyait-on pas plus de difficulté à la chose qu'à une rectification des poids et mesures.

Donc, suivant la Réforme, le Christ est dieu, ou à peu près ; son enseignement est souverain, et comme critérium, dans les questions auxquelles il peut s'appliquer immédiatement, infaillible. Quant à l'exégèse épiscopale et à l'autorité des conciles et du pape, la Réforme les rejette l'une et l'autre, comme étroites, partiales, sujettes à précipitation, contradiction. Au lieu et place de l'Eglise, tout fidèle est investi du droit de lire par lui-même le texte sacré et d'en rechercher le sens. En autres termes, le critérium évangélique, dont l'Eglise romaine avait seule autrefois le droit de se servir, a été remis aux mains de chaque baptisé : tel a été le résultat de la Réforme.

M. de Lamennais, dans son *Essai sur l'indifférence en matière de religion,* s'y est pris d'une autre manière. Suivant ce *Croyant,* Dieu s'est révélé de tout temps à l'humanité, non-seulement par les patriarches, les prêtres et les prophètes de l'ancien Testament, non-seulement par Jésus et son Eglise, mais par tous les fondateurs de religion, Zoroastre, Hermès, Orphée, Bouddha, Confucius, etc. Tout ce que l'Humanité possède d'idées morales et religieuses lui vient de cette permanente et unique révélation. Comme les Etats de l'Europe moderne sont le produit du christianisme, plus ou moins accommodé aux circonstances et aux races, de même les états de l'antiquité furent le produit de la religion primitive, professée par Adam, Noé, Melchisédech, etc. Au fond, les législations, comme les cultes, sont identiques : tout repose sur une communication originelle de la Divinité. Qu'on fasse l'inventaire des institutions politiques et religieuses de tous les peuples, et, en dégageant le fond de la forme, on obtiendra un code de formules parfaitement homogène, que l'on peut regarder comme la sagesse révélée d'en haut, et qui est le critérium du genre humain.

Évidemment cette façon d'envisager le christianisme l'amoindrit, en ce sens qu'elle le fait rentrer dans le système général des manifestations religieuses, et l'oblige à fraterniser avec tous ces cultes auxquels il a si longtemps jeté l'anathème. Mais on peut dire aussi qu'elle le grandit de tout ce qu'elle lui fait perdre, en lui créant une catholicité plus large que celle qu'avaient conçue les premiers chrétiens. Aussi les cultes sont-ils généralement regardés comme solidaires; leur cause est maintenant commune, et M. Edgard Quinet, en écrivant le *Génie des Religions,* a posé nettement le principe de la religiosité moderne. L'Université est d'accord en principe avec les jésuites, et le Pape peut tendre la main au Sultan et au grand Lama. La grande réconciliation est accomplie, la foi est une comme le Verbe, et la république universelle a trouvé son critérium.

J'ai peur cependant que ce christianisme de poëtes et d'archéologues n'ait abouti qu'à une mystification, et qu'à force de généraliser le critérium, ils ne l'aient perdu.

La Réforme disait : Tous les fidèles reçoivent, par le baptême et la cène, le Saint-Esprit; tous par conséquent sont interprètes de la parole du Christ : la définition canonique est inutile.

MM. de Lamennais, E. Quinet, Mazzini et les autres, ajoutent : Tous les peuples ont reçu, par leurs initiations particulières, le Saint-Esprit; tous les cultes par conséquent sont des versions de l'Évangile, et l'autorité de ces versions réunies prime celle de l'Eglise de Rome.

D'un côté comme de l'autre, dès qu'on récuse l'autorité spéciale, pour mettre à sa place soit le sentiment particulier, soit, ce qui revient au même, le témoignage universel; n'est-ce pas rompre le lien de la foi, et faire appel à la raison? Nous pensions avoir assuré notre critérium : il s'est évanoui.

Puis donc que nous sommes forcés d'en revenir à la raison, voyons ce qu'elle propose. A-t-elle aussi son critérium?

II

Rien de nouveau sous le soleil! De bonne heure la raison, sous le nom de science, connaissance, επιστημη, γνωσις, ou sous celui plus modeste de *philosophie,* aspiration à la science, s'est opposée à la foi et a prétendu à la possession de la vérité, non plus sur la parole d'un truchement, *fides ex auditu,* mais par une contemplation directe et pour ainsi dire face à face, *sicuti est facie ad faciem*. Voir la vérité en soi, sur la seule garantie de ses yeux et de sa raison, c'est évidemment écarter la supposition d'un critère : je m'étonne que la philosophie n'ait pas su comprendre cet apologue. Telle fut pourtant la pensée de cette multitude de religionnaires, contemporains de Jésus et des apôtres, qui, sous le nom général de *gnostiques,* connaisseurs, tinrent tête à l'Eglise pendant plus de six siècles, et ne disparurent tout à fait qu'aux approches de la Réforme.

Le gnosticisme, je n'en fais aucun doute, aurait bientôt étouffé le christianisme, et serait devenu la religion universelle, s'il s'était montré plus fidèle à son titre, s'il avait été plus pratique, plus empirique, et moins illuminé. Mais cette prétendue *gnose* était cent fois plus compliquée, plus mystérieuse, plus hyperphysique que la *foi* naissante qu'elle dédaignait : à telle enseigne que Paul, le docteur par excellence de la foi, l'homme du critérium transcendantal, traitait dans ses épitres les sublimités de la gnose de contes de vieille femme, et la criblait de ses sarcasmes. Le sens commun, hélas! est ce qui arrive en dernier lieu dans l'esprit humain : et tel qui se croit savant parce qu'il proteste contre un certain degré de superstition, n'est lui-même qu'un superstitieux d'une espèce plus maligne et plus incurable. Le gnosticisme, qui ne fut en son temps qu'une tentative de fusion religieuse, analogue à celle qu'on voudrait opérer de nos jours, fut donc vaincu, bien plus par sa contradiction intime que par la supériorité réelle de son adversaire. Ces hommes qui avaient la prétention d'une connaissance directe furent convaincus de ne connaître que les chimères de leur cerveau ; et plus que jamais on réclama un préservatif contre les illusions de l'encéphale. Grâce à eux, la science a été ajournée de quinze siècles : elle le serait à tout jamais, s'il dépendait des modernes théosophes.

C'est avec Bacon et la Renaissance que s'est formée, en dehors du surnaturalisme et de l'absolu, la science expérimentale, positive et certaine, j'ose dire encore, la science sans critérium. Je vais d'abord rendre raison de cet apparent paradoxe : nous verrons ensuite comment, à l'exemple des Grecs, les modernes ont pu remettre en question la certitude du savoir, et comment leur esprit, incomplétement purgé de ses notions théologiques, est retombé dans la critériomanie des anciens.

Tout ce qui existe, ai-je dit dans ma première lettre, est nécessairement en évolution ; tout coule, tout change, se modifie, se transforme sans cesse : le mouvement est la condition essentielle, je dirais presque la matière de l'être et de la pensée. Il n'y a rien de fixe, de stable, d'absolu, d'invincible, que la Loi même du mouvement, c'est-à-dire, les *rapports* de poids, de nombre, de mesure, suivant lesquels toute existence apparaît et s'effectue. Ici, la philosophie du progrès absorbe celle de Pythagore, lui donne son rang et son caractère.

Ainsi, l'intégralité de l'existence est identique et adéquate à l'intégralité de la série ou évolution. Par exemple, l'intégralité de l'existence animale est dans la période qui comprend depuis la conception jusqu'à la mort : l'être vivant, à un moment quelconque de cette période, n'est qu'une fraction de lui-même. Il suit de là que toute actualité ne représentant jamais qu'un moment de l'évolution, un terme de la série, en un mot une fraction ou approximation de l'existence, ne traduisant qu'incomplétement la loi, est imparfaite, invraie.

La loi en soi est donc certaine, et nous pouvons en avoir une idée exacte par l'observation successive des manifestations partielles qui la révèlent. Mais rien de sensible, rien de présent, de réel, ne saurait la représenter jamais : une telle réalisation, à une heure donnée, est contradictoire. Il n'y a donc pas d'exemplaire possible du mouvement, pas de copie exacte et authentique : l'archétype, comme disait Platon, n'est et ne sera jamais qu'une idée; aucune puissance ne saurait nous en procurer d'étalon.

S'il en est ainsi de l'existence considérée dans sa plénitude, si la réalité n'existe que fractionnellement dans les relations et dans les choses, il s'ensuit :

Que nous pouvons bien connaître la *loi* de nos pensées, la *règle* de nos actions, le *système* de nos évolutions, la *marche* de nos institutions et de nos mœurs ; nous conformer de notre mieux, dans l'exercice de notre liberté, à cette *loi*, à cette *règle*, à ce *système*, à cette *marche providentielle* ; que nous pouvons enfin, dans la pratique de la vie, rendre des jugements *équitables*, mais que nous ne pouvons jamais rendre des jugements JUSTES. Dieu lui-même ne le pourrait pas. Sa raison, de même que la nôtre, ne prononce avec justesse que sur l'ensemble, jamais sur le détail : à cette condition seulement on peut dire, avec le psalmiste, que les jugements divins sont absolus, *justificata in semetipsa.*

Rendons cela plus sensible par des exemples.

L'idée de valeur est élémentaire en économie : tout le monde sait ce qu'on entend par là. Rien de moins arbitraire que cette idée, c'est le rapport comparatif des produits qui, à chaque moment de la vie sociale, composent la richesse. La valeur, en un mot, indique une proportion.

Or, une proportion est quelque chose de mathématique, d'exact, d'idéal, quelque chose qui, par sa haute intelligibilité, exclut le caprice et la fortune. Il y a donc, au-dessus de l'offre et de la demande, une *loi* de comparaison des valeurs, partant une *règle* d'évaluation des produits.

Mais cette loi ou règle est une idée pure, dont il est impossible à aucun moment, et pour aucun objet, d'avoir l'application précise, l'étalon exact et vrai. Les produits varient sans cesse en quantité et en qualité ; le capital dans la production et les frais qu'elle coûte varient également. La proportion ne reste pas la même deux instants de suite : un critérium ou étalon des valeurs est donc impossible. La pièce d'argent, du poids de cinq grammes, que nous appelons *franc,* n'est pas le franc en ce sens que le franc est l'unité fixe des valeurs : ce n'est qu'un produit comme un autre, qui dans son poids de cinq grammes aux neuf dixièmes d'argent et un dixième d'alliage, vaut tantôt plus, tantôt moins que le franc, sans que nous puissions jamais savoir au juste quelle est sa différence d'avec le franc.

Sur quoi donc repose le commerce, puisqu'il est avéré que l'étalon des valeurs manquant, bien que la loi de proportionnalité soit rigoureuse, l'échange n'est jamais égal? C'est ici que la liberté vient au secours de la raison, et supplée à la certitude. Le commerce repose sur une *convention* dont le principe est que les parties, après avoir cherché inutilement le rapport exact des objets échangés, tombent d'accord de lui donner une expression réputée exacte, pourvu qu'elle ne dépasse pas les limites d'une certaine tolérance. Cette expression conventionnelle est ce qu'on appelle le *prix*.

Ainsi, dans l'ordre des idées économiques, la vérité est dans la loi, elle n'est pas dans les transactions. Il y a certitude pour la théorie, il n'y a pas de critérium pour la pratique. Il n'y aurait pas même de pratique, et la société serait impossible, si, en l'absence d'un critérium antérieur et supérieur à elle, la liberté humaine ne trouvait moyen d'y suppléer par le *contrat*.

De l'économie, passons à la morale. La justice, selon le droit romain, consiste à rendre à chacun ce qui lui est dû, *suum cuique*. Je m'en tiens à cette définition, pour éviter toute dispute.

La loi de justice est absolue : c'est sur elle que repose le droit civil, écrit ou usager, des peuples. Personne ne s'est jamais inscrit en faux contre cette loi : en revanche, le monde retentit de plaintes contre ses applications. Où donc est le critérium? J'ai observé dans ma première lettre que la maxime, *Faites aux autres comme vous voulez qu'il vous soit fait,* n'est pas un instrument d'appréciation exact, puisqu'il faudrait pour cela savoir ce que nous devons désirer légitimement qu'on nous fasse. La formule économique que le socialisme substitue à cet ancien adage, *A chacun suivant sa capacité, à chaque capacité suivant son produit,* est plus sûre, puisqu'elle pose à la fois le droit et le devoir, le bienfait et sa condition. Mais ce n'est pas plus un critérium que l'autre, puisque, d'après ce qui vient d'être dit sur la valeur, nous ne savons jamais au juste ce que vaut une chose, ce que mérite un homme.

Je respecte profondément la propriété, comme je respecte toute institution, toute religion. Mais ceux qui accusent le socialisme de la vouloir abolir, et qui ont pris le soin assez inutile de la défendre, seraient fort embarrassés de dire à quoi ils reconnaissent, avec certitude, qu'une telle chose est la propriété d'un tel, et qu'il n'y a pas dans cette chose un droit étranger. Quel est en un mot le critérium de la propriété? Si quelque part la révélation a dû intervenir dans les jugements humains, à coup sûr, c'est pour ce qui concerne la propriété. Combien nous doit-il revenir à chacun de terre et de meubles? Il me semble qu'à cette question les gros yeux de nos conservateurs se troublent, et que leur face égoïste se décompose.

Est-ce la conquête, la prime-occupation, qui fait la propriété? — J'observe que force ne fait pas loi, et qu'à la première occasion je saurai, sans autre forme de procès, prendre ma revanche.

Est-ce l'institution de l'Etat? — Je réponds que ce que l'Etat a fait, l'Etat peut le défaire; et comme j'ai le plus grand intérêt à la chose, je vais tâcher de me rendre maître de l'Etat.

Est-ce le travail? — Je demande quel doit être le salaire du travail? si chacun a travaillé? si ceux qui ont travaillé ont reçu ce qui leur revenait, *cuique suum,* ni plus ni moins?...

Des philosophes qui se croient profonds, et qui ne sont qu'impertinents, s'imaginent qu'ils ont trouvé une fin de non-recevoir contre le principe d'égalité, qui fait le fond de la critique antipropriétaire. Ils disent qu'il n'y a pas deux choses égales dans tout l'univers. — Soit. Admettons qu'il n'y ait pas dans le monde deux choses égales : du moins on ne niera pas que toutes choses ne soient en ÉQUILIBRE, puisque, sans équilibre, comme sans mouvement, il n'y a pas d'existence. Quel est donc l'équilibre des fortunes? Quels en sont les *minima* et les *maxima?* Quel rapport entre les *minima* et *maxima* de la fortune, et les *minima* et *maxima* de la capacité? Qu'on veuille bien me le dire : parce que sans cela tout redevient usurpation, et le plus ignorant, le plus incapable des humains a le droit d'être aussi bien traité que le plus savant et le plus vaillant, ne fût-ce qu'à titre d'indemnité de sa faiblesse et de son ignorance.

Evidemment, il n'y a pas de critérium de la propriété, ni pour la mesure, ni pour l'acquisition, ni pour la transmission, ni pour la jouissance. Aussi, chose à noter, de cette absence d'un critérium pour la juste appropriation des biens, l'auteur de l'Evangile a conclu, après Lycurgue, Pythagore, Platon, à la communauté, l'antiquité tout entière à l'esclavage, et l'économie malthusienne au salariat.

Que dit maintenant la science nouvelle, la théorie du Progrès, sur la propriété?

Elle dit que la propriété, comme le prix des choses, est originairement le produit d'un *contrat;* que ce contrat est déterminé par la nécessité du travail, de même que la convention qui fixe le prix des choses est déterminée par la nécessité de l'échange; mais que, de même qu'avec le temps et la concurrence le prix de chaque chose se rapproche de plus en plus de la valeur vraie, de même avec le temps et le crédit la propriété tend à se rapprocher de plus en plus de l'égalité. Seulement, tandis que le prix des marchandises, ou la juste rémunération du travailleur, parvient à son taux normal en une période généralement assez courte, la propriété n'arrive à son équilibre qu'en un temps beaucoup plus long : à peu près comme si l'on comparait le mouvement annuel de la terre à la révolution des équinoxes.

Ici donc, je le répète, il existe une règle pour le législateur ; il n'y a pas de critérium pour le juge. Tandis que la justice éternelle accomplit lentement son œuvre, la jurisprudence est forcée d'obéir à la coutume, à la religion du contrat.

Les sciences naturelles offrent des exemples de cette distinction entre la *loi* des choses et leur *réalisation* : la première absolue et immuable ; la seconde essentiellement mobile, approximative et invraie. Ainsi c'est une loi que les astres pèsent les uns sur les autres en raison directe de leurs masses et inverse du carré de leurs distances ; qu'ils balayent des aires proportionnelles aux temps, etc. Mais ces lois, que nous ne pouvons saisir qu'en embrassant par la pensée d'immenses et nombreuses révolutions, sont à peu près tout ce qu'il y a de vrai dans l'existence des mondes ; quant aux phénomènes, ils sont ce que l'on peut imaginer de plus irrégulier. Il est de fait, par exemple, que les cercles sidéraux ne sont pas ronds ; qu'ils ne sont pas non plus ovales ; bien plus, que leurs courbes tremblées ne rentrent pas sur elles-mêmes, etc. Où tendent-elles, en définitive ? Nul ne le sait. L'armée céleste roule dans un espace sans bornes, sans présenter jamais deux fois de suite les mêmes positions. Faut-il en conclure que la géométrie et l'arithmétique, par lesquelles nous calculons ces mouvements, sont fausses, et la science illustrée par Newton, Laplace, Herschel, une chimère ? Non. Toutes ces variations du mode éternel prouvent une chose, savoir, que la certitude n'est pas dans le phénomène, qui considéré à part n'est rien de plus qu'un *accident ;* mais dans la série ou évolution, qui seule est *loi.*

Mais restons dans les choses de l'humanité,

car c'est là surtout que la question de la certitude prend toute sa gravité, et nous intéresse.

J'ai dit que l'idée d'un critérium de certitude était une importation de la théologie dans le domaine philosophique ; j'ai prouvé, quant à l'économie et à la morale, que ce prétendu critérium était sans application possible. Chose plus curieuse encore, il est impuissant dans l'ordre même des idées qui l'ont produit et pour lesquelles il a été inventé, la religion. La religion, comme la justice et l'économie, est soumise à la loi de Progrès ; par cette raison, elle n'a pas non plus de critérium, en sorte que la foi, cette *raison des choses non apparentes,* ou se résout dans l'aliénation mentale, ou rentre dans la dialectique.

Le christianisme existait-il en Jésus ? Ce n'est pas au chrétien que j'adresse cette question, c'est au philosophe. Existait-il en saint Paul, en Augustin, en Photius, en Thomas, en Bossuet ? Existe-t-il en Pie IX, en Nicolas ou en Victoria ?

Le christianisme serait tronqué, si on le réduisait à une profession de foi quelconque. Les anciens n'ont pas su tout ce qu'admettent les modernes ; les modernes, de leur côté, n'ont pas retenu tout ce qu'admettaient les anciens.

A aucune époque non plus, le formulaire n'a été pour tous les contemporains le même. Suivant le Christ et les apôtres, le royaume de l'Evangile n'est pas de ce monde; suivant Hildebrand et les ultramontains, le pape, élevé au-dessus de toute puissance, est le maître du monde; suivant les grecs et les anglicans, le chef naturel de l'Eglise est le chef de l'Etat. Toutes ces oppositions peuvent également se justifier par la tradition, par l'Ecriture, et par le système général des religions; et il ne serait pas difficile de montrer que la différence des opinions sur l'indépendance ou la subordination du temporel, en entraine une semblable dans le dogme. A qui croire, du Christ parlant pour lui-même, ou de l'Eglise affirmant sa suprématie? des gallicans qui séparent les deux pouvoirs, ou des russes et anglicans qui les réunissent? Tout cela est également du christianisme, et tout cela est en parfaite contradiction. Que devient le critérium?

La théorie du Progrès peut seule donner une explication raisonnable des variations de la foi chrétienne, mais c'est à la condition de lui faire perdre son caractère d'Absolu. Elle considère le christianisme comme un courant d'opinions, que l'on voit se former dès le temps d'Alexandre par toute la Grèce et l'Orient; qui grossit, et se complique d'une multitude d'affluents, d'Auguste à Théodose; qui se divise ensuite à Photius; qui, sous le nom de catholicisme, semble parvenu à son apogée, de Grégoire VII à Boniface VIII; qui se subdivise de nouveau à Luther; qui enfin, tandis qu'effrayé de la conscience de son propre mouvement il essaie de se fixer à Trente, et se tue comme catholicisme par la négation de son inévitable mobilité, va s'éparpiller et se perdre, comme protestantisme, dans les sables de la démocratie américaine.

Savoir le christianisme, ce n'est pas affirmer tel ou tel système de dogmes plus ou moins harmoniquement combinés et visant à l'immobilisme; c'est avoir parcouru et visité le fleuve chrétien, d'abord dans ses sources orientales, juives, égyptiennes, grecques, latines, germaniques, slaves; puis dans son cours tumultueux et si souvent divisé, et finalement dans les ramifications innombrables où il perd peu à peu son caractère et disparaît.

La religion, comme l'Etat, comme toutes les institutions humaines, se manifeste en une suite de termes essentiellement opposés et contradictoires : c'est par là seulement qu'elle est intelligible. Son vrai critérium, ce sont ses variations. Quand Bossuet accusait l'instabilité du dogme dans les églises réformées, et revendiquait pour la sienne une constance de foi qui d'ailleurs n'existe pas, il faisait, sans le savoir, l'apologie de ses adversaires, et prononçait la condamnation du catholicisme.

La religion est comme la parole. Rien de plus mobile, de plus varié, de plus fugitif que le *verbe* humain, et cependant le langage est un dans son essence, et les lois du langage, bien plus que les formules du droit et les définitions de la théologie, sont l'expression même de la raison. Ici, comme partout, l'absolu est une idée pure, tandis que l'accident est la réalité même. Direz-vous que la parole n'est qu'un vain son, la grammaire une folie, la poésie un rêve, parce que la langue universelle n'est et ne peut être qu'une abstraction?...

Toute vérité est dans l'histoire, comme toute existence est dans le mouvement et la série; conséquemment toute formule, philosophique ou législative, n'a et ne peut avoir qu'une valeur de transition. L'oubli de cette maxime est la source féconde de nos aberrations et de nos malheurs.

Cicéron regardait le *consentement universel*

comme le plus haut degré de la certitude morale, et tous nos traités de philosophie le citent encore comme la preuve la plus explicite de l'existence de Dieu. Mais il est clair, par tout ce qui vient d'être dit, que le consentement universel n'a de valeur que si on le prend dans la succession de ses témoignages : hors de là, ce n'est plus que contradiction et mensonge. Considéré à un moment quelconque de ses manifestations, le consentement universel perd son nom ; il devient *suffrage universel,* la fantaisie du moment érigée en absolu.

Voulez-vous donc que le suffrage universel, qui forme en ce moment la base de notre droit public, acquière toute l'autorité dont il a besoin ? Il ne s'agit point de l'abolir : le peuple a goûté de ce fruit défendu ; il faut, pour son absolution ou sa condamnation, qu'il s'en repaisse jusqu'à la fin. Abandonnez vos systèmes de votation électorale, tous plus absurdes les uns que les autres, et qui ne peuvent enfanter que la tyrannie du grand nombre ou son abdication. Faites le suffrage universel à l'image du consentement universel. Considérez cette masse que vous allez interroger comme une représentation de tous les âges de l'Humanité. Il y a des journaliers, des domestiques, des salariés, multitude pauvre et ignorante, que sa misère sollicite sans cesse au crime, et qui vous figure les générations primitives ; au-dessus de cette multitude, une classe moyenne, composée de laboureurs, d'artisans, de marchands, et dont les mœurs, les opinions, la fortune, expriment assez bien le second degré de civilisation ; enfin, une élite, formée de magistrats, de fonctionnaires, de professeurs, d'écrivains, d'artistes, qui marque le degré le plus avancé de l'espèce. Demandez à ces intérêts divers, à ces instincts à demi barbares, à ces habitudes tenaces, à ces aspirations si hautes, leur pensée intime ; classez tous les vœux suivant la progression naturelle des groupes ; puis vous en dégagerez une formule d'ensemble, qui embrassant les termes contraires, exprimant la tendance générale, et n'étant la volonté de personne, sera le *contrat social*, sera la loi. C'est ainsi qu'a marché la civilisation générale, à l'insu des législateurs et des hommes d'Etat, sous le couvert des oppositions, des révolutions et des guerres...

Je crois, monsieur, vous avoir suffisamment démontré que le critérium de certitude est une idée antiphilosophique, empruntée à la théologie, et dont la supposition est destructive de la certitude même. Non-seulement la métaphysique, la politique, la législation, l'économie, l'histoire, toutes les sciences, répugnent à cette idée : la religion même qui l'enfante devient par elle inexplicable. Cette proposition m'a paru assez neuve pour mériter quelque développement : j'arrive maintenant au fond de la difficulté.

III

A l'exemple des Grecs, la philosophie moderne demande : d'abord, à quoi nous reconnaissons ce que l'entendement appelle *loi*, et qui est inaccessible aux sens ; — en second lieu, si ces prétendues lois, que nous supposons régir les êtres, ne seraient pas simplement l'effet de notre activité intellectuelle, en autres termes, une application involontaire que nous ferions aux phénomènes des formes de notre raison : — enfin, si nous sommes sûrs de la réalité des objets, et si l'opinion que nous avons de leur existence est autre chose qu'une foi subjective. C'est là le doute transcendant, en preuve duquel on cite les propositions contradictoires de la métaphysique, et que M. Jouffroy entre autres a déclaré invincible.

Ma réponse sera brève, attendu qu'elle est faite d'avance, et qu'elle a l'espoir d'être aussi claire que décisive.

Sur le premier point, savoir à quel signe on reconnaît l'idée générale ou la loi, je réponds qu'on la reconnaît à *l'unité de la diversité*, à ce qui constitue la série, le genre, l'espèce, en un mot le groupe. C'est comme la connaissance des choses elles-mêmes, une simple intuition. Demanderez-vous après cela comment l'esprit aperçoit l'unité? Cela revient à demander comment il y a quelque chose ou quelqu'un qui voit et qui pense. A cette question je ne réponds pas plus qu'à cette autre: Comment existe-t-il quelque chose? La pensée, soit la faculté de découvrir et d'exprimer l'unité diversifiée, voilà le fait primitif, antérieur, immédiatement donné, par conséquent inexplicable, de la science et de l'univers. Otez la faculté d'apercevoir l'unité, il n'y a plus de pensée, plus de conscience, plus d'existence, plus rien. Je suis, je pense, je possède l'unité; ou bien, en faisant abstraction de cette *personnalité* grammaticale, qui n'est elle-même qu'un accident, quelque chose est, quelque chose pense, quelque chose est un : toutes ces propositions sont pour moi identiques. Elles signifient que la condition essentielle de ma pensée est de voir la loi, de ne voir que cela. Cette perception, je ne la prouve point, je l'affirme avec Descartes, avec Malebranche : comme je ne pense qu'en vertu de ma faculté d'apercevoir l'unité, d'une part je découvre partout l'unité, de l'autre je vois tout dans l'unité.

Sur le second point, c'est-à-dire, si l'unité ou la loi que découvre ma pensée, qui par conséquent devient aussitôt loi ou forme de ma pensée, est un produit de ma pensée, ou si elle est en même temps loi des choses; si par conséquent, troisième point, elle implique l'existence, extérieure à ma pensée, de ce que j'appelle *choses;* je réponds que cette double question n'en est pas une pour moi, et qu'elle ne peut être adressée qu'à celui qui, n'admettant pas l'idée synthétique du mouvement comme base de l'ontologie et de la logique, part de la distinction des substances, et des divers degrés de l'être fait autant d'êtres différents.

En effet, s'il est vrai, comme je crois l'avoir prouvé, que le dualisme ontologique soit le résultat de l'analyse de l'idée de mouvement et de la réalisation subséquente des concepts donnés par cette analyse, toutes les objections tirées de la distinction du *moi* et du *non-moi* tombent avec cette distinction elle-même (1). L'être, à son plus haut degré d'existence, est tout à la fois moi et non-moi : il peut dire indifféremment, parlant de soi comme des autres,

(1) Si *penser* et *peser* sont synonymes, comme l'étymologie le prouve, l'abîme que l'ancienne ontologie avait creusé entre l'esprit et la matière est comblé; les vibrations de l'éther peuvent transmettre les impressions du cerveau; la conscience n'est plus qu'un foyer de mouvements, auxquels les corps les plus bruts peuvent faire écho. Par cela seul que je pense, je me meus; par cela seul que mon cerveau conçoit l'idée d'un mouvement, il l'exécute; et les muscles qui en reçoivent le contre-coup par les nerfs, tendent à l'exécuter à leur tour. Ils l'exécuteraient sans doute, si une pensée en sens contraire ne venait suspendre leur action, et faire mourir, à l'extrémité nerveuse, la première impulsion. Que deux, trois, ou un plus grand nombre de sujets pensants se mettent en rapport par un conducteur quelconque, qu'un mot soit jeté au milieu d'eux, et il se produira, à leur insu, une commotion générale, traduisible en idées, et dont la spontanéité fera croire aux personnes superstitieuses à la présence d'un démon familier, d'une âme défunte. La carrière serait-elle rouverte, pour cela, aux devins et aux nécromans? Gardons-nous de le croire. La nature, par ses harmonies, par la constance de ses lois, par la fixité de ses types, nous apprend assez à nous moquer des prodiges et de monstres; et c'est le signe d'un grand abaissement des intelligences, prélude des grandes catastrophes, quand les peuples, incapables du labeur scientifique, se mettent à délaisser la raison et la nature pour courir après les évocations et les miracles.

je, tu, il, nous, vous, ils. Ce qui établit en lui l'identité et l'adéquateté des personnes, au singulier, au duel et au pluriel, est précisément leur conjugaison.

De même que Descartes ne peut douter s'il pense, et que le doute élevé sur sa pensée serait illégitime; de même, et à plus forte raison, je ne puis douter si je me meus, puisque la pensée n'est qu'une forme du mouvement : sur celui-ci, comme sur celle-là, et bien plus encore que sur celle-là, le doute est contradictoire et illégitime (1).

Or, qui dit mouvement dit série, unité diversifiée, groupe, par conséquent moi et non-moi, je et tu, nous et eux, etc., à l'infini. La révélation que j'ai de moi implique nécessairement celle que j'ai des autres et *vice versâ*, ou plutôt ces deux révélations n'en font qu'une :

(1) Zénon d'Élée niait le mouvement, et prétendait justifier sa négation par un raisonnement mathématique, fondé sur le principe de la *divisibilité de l'espace à l'infini*. Mais il est évident : 1° que la démonstration de Zénon n'est elle-même qu'un mouvement de son esprit, ce qui implique contradiction ; 2° qu'elle repose, comme l'idée de l'espace parcouru, sur une analyse du mouvement, ce qui est une autre contradiction ; 3° qu'en poussant la division à l'infini, il faut une *rétrogradation* à l'infini, ce qui est une troisième contradiction.

d'où il résulte que les lois de la pensée sont en même temps et nécessairement les lois des choses : le contraire serait une contradiction.

Au reste, cette identité décisive du moi et du non-moi, si pénible à établir dans la sphère des idées pures, sera prouvée directement et empiriquement par la physiologie de l'homme collectif, par la démonstration de ses facultés, de ses idées et de ses opérations.

Lorsqu'on aura vu comment, dans l'espèce humaine, l'individu et la société, indivisiblement unis, forment cependant deux êtres distincts, tous deux pensants, agissants et progressifs; comment le premier reçoit une partie de ses idées du second, et exerce à son tour une influence sur lui; comment ensuite les rapports économiques, produits de l'analyse individuelle, et contradictoires entre eux tant qu'on les considère dans les personnes, se résolvent en idées synthétiques dans la société, de telle sorte que chaque homme raisonne et agit en vertu d'un double moi, jouit d'une double intelligence, parle une double langue, poursuit un double intérêt; lors, dis-je, qu'on se sera rendu compte de ce dualisme organique, pressenti par toutes les religions, et qui compose à la fois l'existence collective et les existences individuelles, on concevra plus aisément la résolution des contraires dans l'ontologie et la métaphysique, et le scandale de la divergence et de la contradiction des philosophies touchera à sa fin.

Elles paraitront toutes vraies, ces philosophies, en tant que déductions analytiques spéciales de la théorie universelle du mouvement ; mais chacune d'elles aussi paraîtra fausse, en tant qu'elle aspirerait à faire scission, et exclure ses rivales (1). Ainsi, le problème philosophique

(1) La philosophie du Progrès concilie les systèmes en montrant que leurs apophthegmes reposent tous sur des notions analytiques qui n'ont de vérité qu'autant qu'elles sont accouplées à d'autres notions également analytiques, mais diamétralement opposées, dans une synthèse commune ; de telle sorte que chaque proposition est vraie, mais à condition que la contraire le soit aussi :

Exemples :

Toutes les idées nous viennent par les sens. Locke.
Toutes les idées sont conçues dans l'entendement. Descartes.

La première proposition n'est vraie que si on admet en même temps la seconde, et *vice versâ*. Il en est de même des suivantes :

Il n'existe point de corps. Barclay.
Il n'existe point d'esprits. Hume.

étant résolu, il sera vrai de dire que le mouvement philosophique est accompli : à la place de systèmes, partant d'une conception arbitraire et aboutissant à une contradiction fatale, nous aurons la science progressive, l'appréhension toujours plus grande de l'être, de la loi et de l'unité.

Alors aussi le dogmatisme religieux recevra son interprétation rationnelle, et l'ordre politique sa libre constitution : toute théosophie

La philosophie est la recherche des principes premiers. Tous les dogmatistes.

Il n'y a pas de principes premiers. Les sceptiques.

Il faut dresser une table des catégories. Aristote et Kant.

Il n'y a pas de table des catégories. Cousin.

Toute philosophie vient d'empirisme. Les Écossais.

Toute philosophie tend à s'affranchir de l'empirisme. Les Allemands.

Les idées de cause et de substance, dépassant la sensation, sont des chimères. Hume.

Les idées de cause et de substance, dépassant la sensation, sont nécessairement conçues par l'esprit, et le prouvent. Kant.

Toute science positive définit son objet et sa méthode. Jouffroy.

Toute science positive tend, par son progrès, à franchir ses limites. Ch. Renouvier.

expirant dans la morale, tout culte dans l'éducation, tout gouvernement dans l'économie, toute autorité dans le contrat.

Alors enfin nous saurons pourquoi, la science économique ayant jusqu'à ces derniers temps fait défaut, l'équation générale devait arriver si tard; pourquoi l'évolution humanitaire qui s'était terminée une première fois, pour les

Les genres et espèces sont des choses. Le réalisme.

Les genres et espèces sont des conceptions. Le conceptualisme.

Les genres et espèces sont des noms. Le nominalisme.

Dans cet exemple, les trois termes se ramènent évidemment à deux, puisque, pour créer un nom, il faut une chose ou une conception, c'est-à-dire une idée.

Il y a un Dieu. Le monothéisme.

Il y a plusieurs dieux. Le polythéisme.

Tout est Dieu. Le panthéisme.

Il n'y a point de Dieu. L'athéisme.

Il y a deux personnes ou hypostases en Dieu. Le magisme.

Il y a trois personnes en Dieu. Le christianisme.

Il y a quatre, sept, dix, etc., personnes en Dieu. Le gnosticisme.

Il n'y a pas de compagnie en Dieu. Le mahométisme.

Toutes ces formules, qui semblent se combattre, rentrent les unes dans les autres et se résolvent dans l'idée synthétique de l'être (groupe, série, évolution ou mouvement), élevée à sa plus haute puissance et analysée dans ses concepts.

cultes à la chute du polythéisme, pour la philosophie aux sceptiques, pour la politique à la ruine de l'empire romain, a dû recommencer avec le christianisme, la féodalité et la philosophie moderne ; pourquoi, en un mot, abstraction faite du progrès de l'industrie et des sciences, la civilisation n'a été depuis quinze siècles qu'une deutérose.

Parce que la théorie des intérêts avait été négligée, il nous a fallu tout copier, tout renouveler des Romains et des Grecs, depuis la tyrannie antique jusqu'à l'éclectisme, depuis l'esclavage jusqu'à la communauté, depuis la superstition la plus féroce jusqu'au mysticisme, à la kabbale et à la gnose. Actuellement il ne nous reste plus rien à prendre ; la tradition est épuisée : force nous est de devenir à notre tour originaux, et de continuer le mouvement.

Mais rien dans la nature ne se produit sans douleur : la dernière révolution de l'Humanité ne pouvait échapper à cette loi. Les intérêts, surpris dans leur imprévoyance, s'effrayent ; la superstition rugit, le pédantisme beugle, le *statu quo* proteste. Symptômes triomphants, qui nous indiquent que la révolution pénètre, qu'elle agite sous elle et possède la société.

Dormez en paix, réformateurs : le monde n'a pas besoin de vous.

La science économique, bien que sa constitution ne soit point achevée, est déjà trop puissante pour qu'il soit permis aux vieux préjugés de rien entreprendre contre ses décrets, qui sont les décrets mêmes de la révolution.

Plus de barbares, capables d'imposer à la civilisation la torture d'une féodalité nouvelle, Fussent-ils nos maîtres, les Cosaques n'y feraient rien : ils n'auraient pas plus tôt mis le pied sur cette terre sacrée du Progrès qu'ils en deviendraient eux-mêmes les apôtres.

Plus de courant religieux qui puisse, comme au premier siècle de notre ère, résorber et fondre en un culte supérieur la multiplicité des églises ; plus de Christ ni de Mahomet qui ose répéter, après Voltaire :

> Il faut un nouveau culte, il faut de nouveaux fers,
> Il faut un nouveau dieu pour l'aveugle univers !

Tout est fini ! Nous n'avons de salut que dans l'innovation et le mouvement. Ce n'est pas à vous, monsieur, qu'il faut crier : *Que celui qui a des oreilles pour entendre, entende!* Vous l'entendez de reste, et, mieux que tout autre, vous saurez dire au public ce que contiennent ces deux propositions si simples :

Affirmation du Progrès :
Négation de l'Absolu.

Je suis, etc.

FIN.

www.ingramcontent.com/pod-product-compliance
Ingram Content Group UK Ltd.
Pitfield, Milton Keynes, MK11 3LW, UK
UKHW022026170726
13837UKWH00001B/435